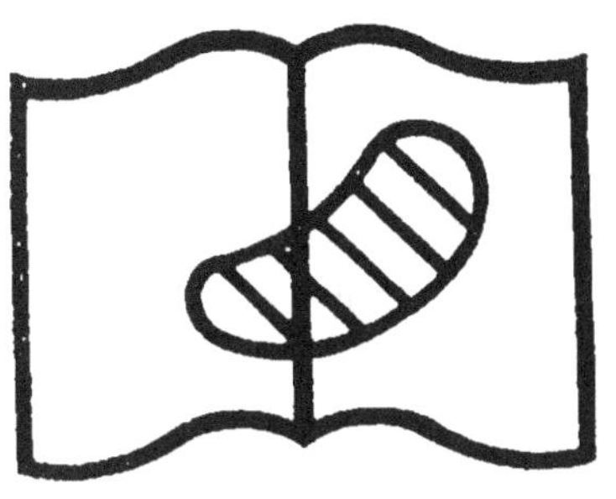

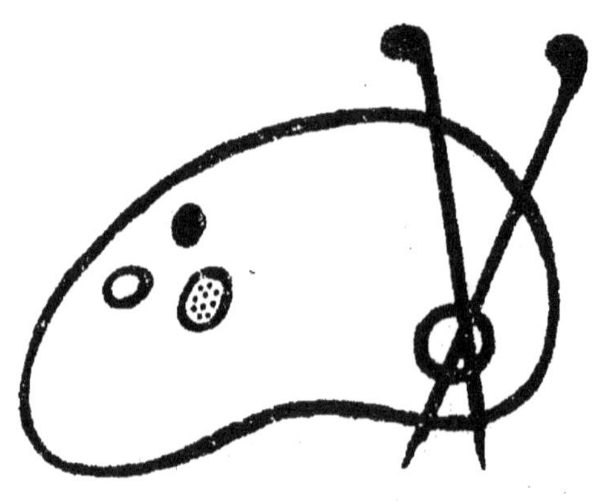

Original en couleur

NF Z 43-120-8

NOTICE HISTORIQUE

SUR LE COUVENT

DE SAINTE-CLAIRE

DE ROMANS

SUIVIE

DE DEUX BULLES INÉDITES DES PAPES PAUL V ET URBAIN VIII

PAR

LE D.ʳ ULYSSE CHEVALIER.

VALENCE

IMPRIMERIE CHENEVIER & CHAVET.

Rue du Cartelet, 19

—

M.DCCC.LXXII.

NOTICE HISTORIQUE

SUR LE

COUVENT DE SAINTE-CLAIRE

DE ROMANS

SUIVIE DE

DEUX BULLES INÉDITES DES PAPES PAUL V ET URBAIN VIII

PAR

LE D.ʳ ULYSSE CHEVALIER.

VALENCE

IMPRIMERIE DE CHENEVIER ET CHAVET

Rue Saint-Félix, 30.

1870

NOTICE HISTORIQUE

SUR

LE COUVENT DE SAINTE-CLAIRE

DE ROMANS.

L'ordre de Sainte-Claire appartient à la grande famille franciscaine. Il doit son nom à Clara Sciffi, qui, le lendemain du dimanche des Rameaux (20 mars) 1212, reçut des mains de François d'Assises la corde, la robe de laine et se condamna comme lui à la pauvreté évangélique. En peu d'années elle vit une foule de femmes pieuses se mettre sous sa direction et prendre d'abord le nom de Damianistes, du nom de l'église de Saint-Damien où elles se réunissaient, ensuite celui de *Pauvres dames* ou *Pauvres Clarisses*. Ambroise de Cîteaux, nommé visiteur par le pape Honoré III, donna à ces religieuses la règle de saint Benoît avec des constitutions particulières qu'il fit approuver par le Souverain Pontife. Les austérités qu'avait imposées Hugolin furent un peu modifiées par saint François, et, à la sollicitation de saint Louis et d'Isabelle, sa sœur, le pape Urbain IV, par sa bulle des calendes d'août 1263, accorda des adoucissements à la règle de sainte Claire, d'où ces religieuses furent appelées *Urbanistes*.

Parmi celles qui voulurent garder intacte la règle primitive, il y en eut qui y ajoutèrent des constitutions particulières que leur donnèrent les Capucins de Naples en 1538 : ce qui les fit nommer *Capucines* ou *Filles de la Passion*.

Mais déjà sainte Colette, née en 1380, avait reçu de Benoît XIII le titre de supérieure générale des Clarisses, avec plein pouvoir d'établir dans cet ordre tous les règlements qu'elle jugerait propres à contribuer au salut des âmes. Après avoir parcouru les différentes maisons de son ordre, Colette se retira en

Savoie, y établit sa réforme, qui bientôt fut adoptée en France et en Espagne, et mourut à l'âge de 67 ans. Béatifiée le 1er octobre 1623, elle ne fut canonisée que le 24 mai 1807 par le pape Pie VII.

L'ordre des Clarisses, dont les austérités sont connues, se répandit rapidement en Europe. Le premier monastère établi en France le fut, en 1240, par sainte Claire, à la demande de Guillaume de Joinville, archevêque de Reims. La plupart des couvents des Clarisses furent ruinés pendant les guerres de religion du XVIe siècle ; rétablis ensuite, ils furent de nouveau vendus ou démolis en 1792. La Révolution spolia et persécuta les pauvres et bien inoffensives filles de Sainte-Claire ; mais elle ne commit pas le crime inutile d'en faire périr sur l'échafaud, même celles qui, comme à Lyon, avaient été condamnées à mort par un tribunal révolutionnaire. La plupart de ces religieuses continuèrent à vivre en communautés, et profitèrent des premiers moments de calme et de tolérance pour se réunir dans des monastères [1].

Les religieuses de Sainte-Claire pratiquent l'abstinence perpétuelle, le jeûne durant toute l'année, le coucher sur un lit de paille piquée, le lever au milieu de la nuit, les pieds toujours nus, l'usage de la bure grossière, les prières prolongées, et forment ainsi l'ordre le plus austère qu'il y ait dans l'Église. « Elles » prient pour les affligés, s'humilient pour les orgueilleux et » s'immolent pour les sensuels [2]. »

Une veuve du nom d'Anne Glenat eut, la première, l'inspiration de fonder un monastère de Sainte-Claire à Romans [3].

---

(1) Voyez l'*Auréole de Sainte-Claire, hist. des persécutions révolutionnaires souffertes par les Filles de Sainte-Claire*, par M. L.-S. GUÉRIN, Aix, 1867.

(2) *Ibid.*

(3) Anne Glenat, veuve d'Antoine L'Hermet, marchand, était une femme très-pieuse qui habitait aux Terreaux. Elle avait fait rétablir, à frais communs avec M. Antoine Savoye, notaire, la grande chapelle du *cénacle* pour la station N.° 1 du *voyage*. Cette femme n'ayant pas tenu ses promesses, ayant même réclamé les dons qu'elle avait faits, perdit par la suite le titre de ondatrice.

Elle acheta, dans ce but, un terrain qui était « un fonds noble,
» franc et allodial », situé dans le quartier de la Presle, le long
du ruisseau et proche de l'hospice des Chartreux de Bouvantes.
Elle promit en outre de donner une rente de 400 écus pour l'entretien de douze religieuses. Comme pour poursuivre cette fondation il fallait avoir l'autorisation du Souverain Pontife, elle
obtint, par l'entremise de l'Official de Vienne, une bulle du
pape Paul V, datée des ides (le 11) d'août 1620, dont voici le
résumé.

Le pape fait l'éloge de la veuve qui a résolu de consacrer ses
biens à l'établissement d'un monastère de Sainte-Claire à Romans.

Sa Sainteté consent que ce monastère soit susceptible de
rentes, ordonnant en même temps que la règle de Sainte-Claire
y soit observée dans tout le reste, comme on l'observe dans le
monastère de Grenoble.

Le Saint Père permet à la fondatrice d'y prendre l'habit et
d'embrasser la règle de Sainte-Claire.

Il ordonne que le nouveau monastère soit composé d'une
abbesse et de douze religieuses. Il donne à la fondatrice le droit
de nommer les six premières filles qui voudront embrasser cette
vie, à condition qu'elles soient reçues gratuitement.

Il veut que pour commencer de vivre d'une manière régulière
dans le nouveau monastère qu'on veut établir, on tire de celui
de Grenoble la sœur Louise de Costaing [1], avec trois autres
religieuses, et il entend que ladite sœur Louise soit la première
abbesse du nouveau monastère.

---

(1) Guy Allard a dressé la généalogie de cette ancienne famille du
Viennois jusqu'en 1347. François de Costaing, sieur du Palais, gentilhomme
de la chambre du roi, acheta de la famille de Fay, le 11 avril 1573, la seigneurie de Pusignan, qui fut érigée en marquisat le 1er février 1684. Cette
famille eut l'honneur de fournir les fonds nécessaires pour poser en 1533
la dernière pierre de l'église de Saint-Maurice de Vienne. Jean-Joseph-
François Costaing de Pusignan, ancien Chartreux et auteur de la *Muse de
Pétrarque*, est mort à Avignon, le 20 novembre 1820, le dernier de sa
famille.

Sa Sainteté ne veut point que les quatre anciennes religieuses sortent de Grenoble qu'il n'y ait à Romans une maison toute prête à les recevoir, où la clôture soit bien gardée et où elles puissent pratiquer, tant pour le spirituel que pour le temporel, tout ce qui se pratique dans le monastère de Grenoble, et que le voyage s'opère rapidement et directement, en compagnie de femmes respectables.

Enfin le pape veut que le nouveau monastère de Sainte-Claire lui soit soumis, aussi bien qu'au cardinal protecteur et au général de l'ordre de Saint-François.

Anne Glenat ayant confié son projet à M.me Anne de Pusignan, veuve Costaing du Palais, celle-ci s'employa activement et se mit en rapport avec les autorités ecclésiastiques et civiles. Aussi est-ce d'elle qu'il est question principalement dans la lettre suivante, écrite par l'archevêque de Vienne à M. Bonnet, sacristain du chapitre de Saint-Barnard [1].

« Monsieur,

» Je viens de recevoir une bulle de N. S. Père le Pape, dont
» M.me de Costaing vous dira mieux la teneur que je ne pour
» rais dans une lettre. Sa Sainteté me commet pour examiner,
» de concert avec M.me de Costaing, en premier lieu, si la
» donation que la veuve Glenat fait au monastère qu'elle veut
» ériger à Romans est faite dans les formes ; en second lieu,
» s'il n'y a point d'opposition de la part de la ville, et, en troi
» sième lieu, si l'on a trouvé une maison où quatre religieuses
» du monastère de Grenoble qui doivent, suivant l'ordre de Sa
» Sainteté, donner naissance à celui de Romans, puissent vivre
» régulièrement, en attendant qu'elles aient une maison dans
» toutes les règles. Il est nécessaire que vous m'informiez de

---

(1) Arnaud Bonnet fut sacristain du chapitre de Saint-Barnard de Romans, de l'année 1600 au 19 mars 1636, jour de sa mort.

» tout cela pour que je sois en droit de faire exécuter les vo-
» lontés du Saint Père.

» Ce 24 aoust 1620.

» Hiérosme de Villards , archevêque de Vienne [1]. »

Le cardinal protecteur, sollicité par une requête , envoya, à
la date du 3 septembre 1620, un ordre qui différait peu de celui
du pape, si ce n'est que le cardinal nommait pour supérieur du
nouveau monastère un religieux Récollet du couvent du Calvaire [2], à qui il donnait plein pouvoir de juridiction, à condition
que ce nouvel emploi ne dérogerait en rien à la régularité de sa
communauté.

Après la bulle du pape Pie V autorisant la fondation d'un
monastère de Sainte-Claire à Romans , il y eut ensuite le consentement donné, le 5 décembre 1620, par le chapitre de Saint-
Barnard , et, le 10 février 1622, par le conseil de la ville, à la
réserve que les nouvelles religieuses ne prendraient point le
titre de *pauvres Clarisses vivant d'aumônes* [3]. C'est cette opposition déjà connue qui avait porté le pape à autoriser, par ex-
ception, ces religieuses à vivre de leurs revenus. « Mais, dit un

---

(1) L'illustre famille de Villars, qui descend d'un modeste greffier de la
judicature de Condrieux, a fourni des officiers et un maréchal de France
célèbre, et donné successivement cinq archevêques à l'église de Vienne,
savoir : Pierre III, en 1575, Pierre IV, en 1592-1601, Jérôme, en 1601-1626,
Pierre V, en 1626-1662, et Henri Ier, en 1662-1692.

(2) Les religieux Récollets furent mis en possession du couvent du Mont-
Calvaire, le 27 novembre 1612, dans la personne de leur custode Laurent
Gay, dit Saint-Sixte, par le P. Picquet, gardien du couvent des Cordeliers
de Romans; ce qui eut lieu en vertu d'une bulle expresse du pape, d'une
commission du provincial et du consentement de la famille du fondateur,
malgré la défense de l'archevêque de Vienne.

(3) Les Cordeliers, les Capucins et les Récollets établis dans Romans
n'étaient point autorisés à faire des quêtes dans la ville. Le conseil muni-
cipal s'était aussi opposé à la fondation d'un couvent de Carmes, « attendu
» la misère du peuple et les charges qu'elle imposait pour l'entretien des
» mendiants. »

» écrivain de l'ordre de Saint-François, quoique dispensées
» pour le commun de la stricte pauvreté, elles la pratiquaient
» parfaitement : aussi possédaient-elles l'estime et la confiance
» des habitants de cette ville, et toujours, en tous temps, elles
» vécurent d'aumônes, et jamais leur ferveur ne s'est dé-
» mentie. »

On n'avait point sollicité des lettres patentes du roi, parce
que le couvent de Grenoble, qui avait fourni les premières religieuses, en était pourvu. Mais M.ᵐᵉ de Costaing, dans la pré-
vision de l'avenir, fit exprès le voyage de Grenoble et se présenta
devant le prince de Bourbon [1] pour lui demander, en faveur de
son couvent, des lettres d'enregistrement. Ce prince, charmé,
dit la tradition, de la noble manière de s'énoncer de cette respectable dame, lui accorda, à la date du mois d'avril 1628, les
lettres qu'elle désirait.

M.ᵐᵉ de Costaing avait donné, pour recevoir les quatre premières religieuses, une maison avec un jardin attenant, situé
dans le quartier de la Presle, entre le grand ruisseau et la rue
du *Peleya* [2]. C'est alors que l'archevêque de Vienne adressa au
sacristain de Saint-Barnard une lettre au sujet du voyage et de
l'installation à Romans des religieuses du couvent de Grenoble,
appartenant toutes aux familles les plus considérables de la
province [3].

Voici le texte de cette lettre, où tout semble prévu avec la
plus grande sollicitude :

---

(1) Louis de Bourbon, comte de Soissons, gouverneur du Dauphiné par
lettres de Louis XIII de 1612.

(2) Cette rue porte aujourd'hui le nom de rue de Sainte-Claire en souvenir
du couvent qui en occupait tout le côté méridional. Le Peleya est un petit
ruisseau qui coule en contre-bas, le long de la même rue, et va de la
Savasse aux Chauchères.

(3) Les registres de profession des anciens couvents font connaître qu'en
général, autrefois comme de nos jours, les personnes de la noblesse et de
la riche bourgeoisie entraient de préférence dans les ordres religieux les
plus austères, et que les personnes des classes peu aisées se faisaient ad-
mettre dans les communautés où elles trouvaient une considération et un
bien-être qu'elles craignaient de n'avoir pas dans le monde.

« J'attendais , M onsieur, votre lettre avec impatience pour
» vous envoyer l'ordre qui est nécessaire pour aller prendre à
» Grenoble les religieuses qui doivent être conduites à Romans.
» Vous me consolez fort en me disant que vous trouvez Mme de
» Costaing à peu près disposée à faire elle-même cette conduite.
» C'est sur votre parole que je l'en prie et que je lui en envoie
» l'ordre. Vous le lui rendrez avec cette lettre, quand vous
» verrez qu'il en sera temps. Au reste, je souhaiterais fort que
» l'entrée que feront à Romans ces religieuses de Grenoble fût
» publique et qu'elle parût aux yeux de tous les habitants
» de votre ville, parce qu'il me semble qu'un pareil spectacle
» serait capable d'ébranler au moins les huguenots et de con-
» fondre les catholiques. Mais comme il faudrait pour cela que
» ces pauvres religieuses entrassent par la porte de Saint-Ni-
» colas et qu'elles allassent d'une extrémité de la ville à l'autre
» pour se rendre au petit monastère qu'on leur a préparé, je
» crois que, à cause du froid et du peu d'usage qu'elles ont de
» marcher sur le pavé, il faudra leur abréger le chemin et les
» faire entrer dans la ville par la porte de Clérieu d'où, après les
» avoir fait un peu reposer dans une chambre que vous aurez
» soin de leur faire préparer, vous les conduirez procession-
» nellement jusqu'à leur monastère (il indique les cérémonies
» à faire). A la fin vous donnerez la bénédiction avec le ciboire,
» ce que l'on fera jusqu'à ce que le *soleil* que j'ai commandé
» soit fait et consacré. Mais avant que d'entrer dans le monas-
» tère, vous annoncerez au peuple que j'accorde une indulgence
» de quarante jours à tous ceux qui ont assisté à la procession
» et qui sont en l'état de la gagner. Pour l'ordre de cette pro-
» cession, je vous en laisse le soin. Je ne vous recommande
» qu'une chose, qui est de prendre si bien vos mesures qu'il n'y
» ait point de confusion, et surtout que ces pauvres religieuses
» ne souffrent aucune incommodité de la multitude. Il ne serait
» pas hors de propos de vous associer M. le Gouverneur [1]. Dites

---

(1) Charles de Claveyson, gouverneur de Romans. De concert avec sa
mère, Renée du Peloux, il présenta, le 17 juin 1632, une requête à l'évêque
de Valence pour obtenir l'établissement à Romans d'un monastère de la
Visitation. Il fut créé marquis en 1658.

» lui que j'ai assez bonne opinion de lui pour croire qu'il se
» prêtera volontiers à cette bonne œuvre. Enfin, Monsieur, je
» compte sur votre sagesse. Vous me ferez plaisir de m'ap-
» prendre le succès de cette procession. Recommandez-moi
» bien aux prières de ces saintes religieuses. Je les regarderai
» désormais comme les anges tutélaires de mon diocèse. Je
» m'en prendrai à vous si elles manquent de quelque chose,
» soit pour le spirituel, soit pour le temporel. Je les dispenserai
» du jeûne depuis le jour de leur sortie de Grenoble jusqu'à
» leur arrivée à Romans.

» Je vous suis, etc.

» Hiérosme, archevêque de Vienne. »

Informée du désir de l'archevêque, Mme de Costaing partit
immédiatement, malgré la rigueur de la saison (le 16 janvier
1621), en compagnie de M. de Pusignan, son père [1], et du Père
confesseur du monastère de Grenoble. Louise de Costaing du
Palais, première abbesse nommée par le pape, et ses compagnes, Catherine Fabri [2], Laurence de Tremolet [3] et Marguerite
de Sassenage [4], firent le voyage assez lentement et n'arrivèrent
que le 18, à une heure de l'après-midi, à Romans, où elles
furent reçues avec beaucoup de distinction par le gouverneur,
accompagné de toute la noblesse et d'une foule immense de
peuple. Dès qu'elles furent entrées dans la maison qui leur avait
été préparée, le sacristain lut l'article de la bulle du pape qui

----

(1) Jacques de Costaing, seigneur de Pusignan.

(2) Pierre Fabri fut anobli, en 1328, par Guillaume de Clérieu. Cette
famille a fourni un conseiller au Parlement de Grenoble en 1554 et un
jurisconsulte à Vienne sous François Ier. Catherine Fabri décéda le 2 août
1623, et laissa une sœur nommée Madeleine, d'abord religieuse à Valence,
et qui fut, en 1638, la seconde supérieure du monastère de la Visitation de
Romans.

(3) Cette famille, originaire du Vivarais, a fourni beaucoup de militaires.
M. de Tremolet de Lacheisserie, ancien membre du conseil général de la
Drôme et ancien député, représente la seconde branche.

(4) Chorier a écrit la généalogie de l'illustre famille de Sassenage,
aujourd'hui éteinte et représentée par M. le marquis de Bérenger.

nommait Louise de Costaing première abbesse du nouveau monastère de Sainte-Claire de Romans, et procéda ensuite, en présence de nombreux assistants, à l'installation de ces quatre religieuses. Là se trouvaient, non un vaste bâtiment, mais les pièces les plus indispensables, telles qu'une chapelle, un chœur, un parloir, des cellules à peu près meublées et un réfectoire avec des provisions suffisantes. On leur avait donné pour la conduite de leurs affaires temporelles un syndic, M. Deloulle [1], qui réunissait toutes les qualités nécessaires pour cette délicate fonction, et sous la prévoyante sollicitude duquel la petite communauté ne manqua jamais de rien. De son côté, M. le sacristain Bonnet, à qui l'archevêque avait donné la charge de procurer à ces religieuses tous les secours spirituels, leur assigna pour prêtres et confesseurs M. Pariset, curé de Saint-Barnard [2], et M. Nicolas, curé de Saint-Romain [3].

Quoique la nouvelle communauté ne se fût pas accrue, M.me de Costaing sentait bien l'insuffisance du local qu'elle leur avait provisoirement concédé. Dans le but de faire construire un monastère dans les formes régulières prescrites par les statuts, elle acheta, après bien des démarches et des sollicitations, de M. Luc [4] une maison servant alors de teinturerie et

---

(1) Deux frères Deloulle, Arnoulx, président en l'élection et juge civil de Romans, et Pierre, juge aux tribunaux de Saint-Lazare et de Saint-Louis de Marseille, furent anoblis ensemble par lettres patentes données à Paris en septembre 1654. Dans ces lettres, le roi rappelle les nombreux services rendus à l'État par eux et par leurs prédécesseurs. Arnoulx et Augustin furent successivement présidents en l'élection et syndics du couvent des Capucins et du séminaire des Orphelines. François-Antoine, conseiller au Parlement de Grenoble de 1779 à 1789, est mort à Romans, le dernier de sa famille, le 19 novembre 1817.

(2) Jean Claude Pariset, décédé le 20 janvier 1666.

(3) Mort en 1650.

(4) Originaire de Tournon, la famille Luc fut anoblie par lettres du mois de mai 1606. Jean-Pierre de Luc, conseiller-secrétaire du roi, avait vendu le 12 août 1619, pour le prix de 7,500 liv., à l'Aumône générale de Romans un moulin situé à la Presle, dont l'hôpital jouit encore et qu'il afferme 2,500 fr. par an. Le fils du précédent devint, en 1668, seigneur de Monteléger, et sa nièce épousa, le 17 novembre 1632, le marquis de la Tourrette.

un jardin attenant au petit monastère. L'acte fut passé le 10 février 1622 au nom d'Anne Glenat, quoique Mme de Costaing eût fait la plus grande partie des frais de cette acquisition.

L'arrivée à Romans de plusieurs personnes de distinction décida Mme de Costaing à profiter de leur présence pour faire la cérémonie de la pose de la première pierre de la nouvelle église. On peignit les armes de Mme de Clermont [1], qui se rendit à l'invitation qui lui fut faite ainsi qu'à Mmes de Castellane et de Pisançon. Ces dames vinrent en compagnie de MM. d'Uriage [2], de Pisançon [3] et de Pusignan, ainsi que des principales personnes de la ville. On fit une procession à laquelle assistèrent les nouvelles religieuses. Celles-ci sortirent sur la rue de *Peleya*, vis-à-vis du moulin des *Deux-Portes*, ensuite elles passèrent devant le *Moulin neuf*, gravirent le pont des *Orphelines* et remontèrent le long du torrent de la *Savasse*. La cérémonie achevée, ces nobles personnages firent leurs offrandes, ainsi que tous ceux des assistants en état de contribuer à cette œuvre pieuse. En outre, la ville accorda la permission de prendre, pour la construction projetée, les matériaux provenant de la démolition de la citadelle [4] que l'on avait déposés hors de la prote de Chapelier.

---

(1) *De gueules à deux clefs d'argent passées en sautoir.* Supports : deux lions d'or tenant l'un une bannière aux armes de France, l'autre une à celles du Dauphiné. Cimier : deux clefs d'église surmontées d'une tiare papale d'or, doublée de gueules. Devise : *Si omnes ego non.* Ces armes auraient été délivrées en faveur d'Aynard de Clermont par le pape Calixte II, par une bulle du 22 juin 1120, regardée aujourd'hui comme suspecte.

(2) La famille de Roman et Boffin, le créateur du Calvaire de Romans, a fourni, au XVIe siècle, plusieurs magistrats au Parlement de Grenoble. Elle s'est divisée en trois branches, parmi lesquelles celle d'Uriage, qui s'éteignit dans la famille de Langon.

(3) Jean, IVe du nom, est l'auteur de la branche de la Croix-Chevrières, qui a pris le nom de la seigneurie de Pisançon, acquise en 1495.

(4) Construite en 1588 sur le coteau de Chapelier par Balthazar de Flotte, comte de la Roche, cette citadelle fut rasée de fond en comble en 1597 par ordre du Parlement. L'emplacement fut donné, en 1609, à l'ordre des Capucins pour y construire un couvent.

Avant l'achèvement de l'édification du monastère, dont les travaux du reste marchèrent assez lentement, arriva, le 2 août 1623, le décès de la vénérable vicaire, sœur Catherine Fabri. Elle fut inhumée dans le chœur provisoire et son corps couvert de chaux vive, afin d'empêcher toute mauvaise odeur. Mais trois mois après, lorsqu'on le déterra pour le placer sous le grand autel de la nouvelle église, il fut trouvé entier et parfaitement conservé. Ce fait, qui parut extraordinaire, fut constaté dans un procès-verbal signé de M. Pierre Deloulle [1] et des curés de Saint-Barnard et de Saint-Romain.

Les religieuses Clarisses prirent possession, le 14 juillet 1625, de leur nouveau monastère, où elles entrèrent au nombre de neuf, savoir : la R. M. abbesse Louise de Costaing, les Mères Laurence de Trémolet et Marguerite de Sassenage, les Sœurs Françoise d'Almais, Marie de Chanseard, les deux Sœurs de Parnans [2], Anne Roux du Fay [3] et Hélène-Gabrielle de Gerlande, qui n'était alors que novice.

Le pape Paul V avait donné pleine juridiction sur le monastère aux PP. Récollets ; mais pour des raisons graves, des griefs (*gravamina*), dont on ne fait pas connaître la nature, pour des *maximes*, dit-on, que ces religieux voulaient introduire chez les Clarisses, celles-ci adressèrent au vice-légat d'Avignon une plainte qui fut suivie d'une bulle d'Urbain VIII, donnée à

---

(1) Pierre Deloulle, avocat en la cour, marié à Hélène Tardy, la bienfaitrice des pauvres de Romans, testa le 29 décembre 1629, et mourut peu de temps après de la peste. Il est auteur du *Digeste du droit et pratique de France.*

(2) La famille de Claveyson possédait à cette époque la seigneurie de Parnans, qu'elle vendit, en 1646, au président Jean de Boffin.

(3) C'était une ancienne famille du Vivarais qui a formé deux branches. Les Fay-Solignac de Vaunes se fixèrent dans les environs de Romans. L'un d'eux devint premier consul de cette ville et fut nommé par de Gordes, en 1572, gouverneur et capitaine de cent hommes de pied. Cette branche s'est éteinte par le mariage de Catherine avec Justin-Bruno du Vivier. L'autre branche s'établit à la Motte-de-Galaure, où naquit, en 1768, Victor-Nicolas Fay, marquis de Latour-Maubourg, général et ministre de la guerre sous la Restauration.

Sainte-Marie-Majeure, le 20 décembre 1627, par laquelle ces religieuses furent absoutes et relevées de toute espèce d'excommunication, d'interdiction et de censure, et placées désormais sous la juridiction de l'Ordinaire, c'est-à-dire de l'archevêque de Vienne. Cette contestation n'a jamais été bien élucidée : les parties d'un commun accord ayant, « pour des raisons dont les détails seraient trop longs », gardé un silence discret.

Mais avant cet arrangement, le 6 décembre 1626, était survenu le décès de la vénérable Mère Louise de Costaing. On nomma pour lui succéder comme abbesse la Mère Laurence de Tremolet ; elle ne jouit pas longtemps de cette charge : elle décéda le 9 septembre de l'année suivante. Elle vécut toutefois assez pour procurer à sa communauté la possession d'un jardin spacieux, avantage si nécessaire à des religieuses cloîtrées. Elle parvint à faire cette acquisition de M. Servonnet [1], non sans avoir eu à surmonter de grands obstacles et les rivalités des voisins. Comme ce jardin était séparé du monastère par la rue de la Savasse, il fallut établir une communication pour franchir cet obstacle sans nuire à la circulation publique. On tenta d'abord de pratiquer une voûte au-dessous de la rue ; mais l'abondance des eaux fit renoncer à ce projet. Il fut résolu qu'on ferait une galerie en bois fermée de tous côtés : la ville s'était opposée à la construction d'un pont en pierre. Enfin, la Mère Hélène-Gabrielle de Gerlande, qui avait été élue abbesse le 22 septembre 1637, eut la satisfaction de conduire en procession ses sœurs dans le nouveau jardin.

« En 1628, la peste éclata dans Romans. Nos sœurs devan-
» cières furent saisies d'effroi ; car, si cette cruelle maladie avait
» franchi la barrière de leur cloître, c'en était fait de la nais-

---

(1) La famille de Servonnet, aujourd'hui éteinte, était très-ancienne dans Romans. Elle a donné plusieurs consuls et deux notaires à la ville. Vincent, celui dont il est ici question, fut abbé de *l'abbaye de Bonjouvert*, en 1600, et un des fondateurs du couvent des Capucins en 1609. Catherine prit le voile, le 29 avril 1655, dans le couvent de Sainte-Ursule, et y décéda le 16 janvier 1660, à l'âge de 23 ans. Le beau domaine de Servonnet, vendu nationalement en 1796, appartenait à ce couvent.

accordé la faveur d'avoir ces religieux pour la confession, la direction et les autres services qui ressortissent de leur ministère. Le premier Père Capucin nommé confesseur fut le R. Archange de Briançon, vicaire du couvent de Romans. Cette permission fut complétée le 28 juin 1698 par Armand de Montmorin, archevêque de Vienne[1], en ces termes : « Nous per-
» mettons aux PP. Capucins qui confessent nos chères filles
» les religieuses de Sainte-Claire de Romans, d'entrer dans
» leur maison lorsqu'il sera nécessaire d'administrer les sacre-
» ments et d'assister quelque malade. »

Le 13 mars 1690, on procéda canoniquement à l'élection d'une nouvelle abbesse pour remplacer la Mère Jeanne Morel, décédée le 5 mars 1690. Voici le texte du procès-verbal dressé à cette occasion :

« Nous, Melchior de Pourroy[2], docteur en théologie de la
» sacrée faculté de Paris, chanoine et maître de chœur de
» l'église de Saint-Barnard et père spirituel du monastère de
» Sainte-Claire de Romans, commis par Mgr l'archevêque de
» Vienne pour assister de sa part à l'élection d'une nouvelle
» abbesse, nous nous sommes transporté, en vertu de notre
» commission, audit monastère de Sainte-Claire, où, étant

---

(1) D'une illustre famille d'Auvergne, Armand de Montmorin fut d'abord évêque de Die, du 17 janvier 1687 au 10 avril 1694, époque à laquelle il fut appelé par Louis XIV à l'archevêché de Vienne, qu'il occupa jusqu'à sa mort arrivée le 6 octobre 1713.

(2) On croit que la famille de Pourroy était originaire d'Espagne; quoi qu'il en soit, elle était établie de longue date dans le Royannais, où elle s'allia avec la famille de Lionne par le mariage de Guillaume de Pourroy avec Florence de Lionne. Melchior de Pourroy, de la branche de la Meirye, fils de François et d'Anne de Beaumont, fut prieur de Saint-Jean de Crest et, en 1701, sacristain du chapitre de Saint-Barnard et vicaire-général du diocèse de Vienne. Il décéda le 18 octobre 1737. Il avait été, en 1733, remplacé dans ses fonctions de sacristain par Louis-François de Pourroy de l'Auberivière, qui mourut en 1741.

» assisté de Mᵉ Guillaume Fornet [1], chef des prêtres et curés de
» l'église de Saint-Barnard, et du R. P. Archange de Briançon,
» vicaire du couvent des Capucins de cette ville et confesseur
» dudit monastère,

» Nous avons fait assembler les religieuses à l'issue de la
» messe que nous avons célébrée dans leur église pour invoquer
» le Saint-Esprit, à l'heure de huit heures du matin, au son
» de la cloche capitulaire. Lesdites religieuses assemblées, nous
» leur avons fait entendre qu'en exécution de notre susdite
» commission, dont lecture leur a été faite, qu'elles eussent à
» procéder à l'élection d'une sœur pour remplir la charge
» d'abbesse, vacante par la mort de la R. M. Jeanne Maurel,
» dernière abbesse, et ce, après avoir préalablement de nou-
» veau confirmé les règlements qui furent faits avant l'élection
» de ladite Jeanne Maurel, lesquels règlements furent ap-
» prouvés et confirmés par l'ordonnance de Mgr l'archevêque
» de Vienne, le 18 février 1682....... Après avoir observé les
» choses en tel cas requises et prescrites par leurs règles et
» constitutions, elles ont procédé à ladite élection aux formes
» accoutumées, dans laquelle sœur Élisabeth de Boulogne,
» professe et vicaire de ladite communauté, âgée de 60 ans,
» a été canoniquement élue par plus de la moitié des voix et
» suffrages, et par nous, autant qu'il est en notre pouvoir,
» confirmée pour abbesse dudit monastère, ayant nous et ladite
» sœur dressé le présent procès-verbal pour que, étant présenté
» à Mgr l'Archevêque, il lui plaise de nouveau approuver ladite
» élection et confirmer ladite Mère de Boulogne en ladite qua-
» lité d'abbesse, et à cet effet enjoindre à toutes les religieuses
» qui composent ladite communauté de la reconnaître pour

(1) Outre Guillaume Fornet, décédé chanoine le 25 octobre 1690, il y eut
plusieurs ecclésiastiques de la même famille attachés à l'église de Saint-
Barnard, savoir : Scipion Fornet, recteur de l'hôpital de Sainte-Foy en
1661, chanoine et curé de Saint-Nicolas en 1690, mort le 7 juillet 1710 ;
Denis Fornet de Fontenille, chanoine et maître de chœur, auteur de l'*Ana-
lyse du Cartulaire de Saint-Barnard*, mort le 9 mars 1726; Vincent Fornet,
chef des prêtres et ensuite aussi chanoine, décédé le 12 septembre 1742, etc.

» telle et de lui obéir conformément à leurs règles et constitu-
» tions, et se sont lesdites religieuses et ledit sieur Fornet, le
» R. P. Archange et nous soussignés.

» Fait à Romans, l'an et le jour que dessus. »

Henri de Villars, archevêque de Vienne, confirma et ap-
prouva l'élection d'Élisabeth de Boulogne, le 21 mars 1690.

Après l'élection de Jeanne de Monteizet (7 janvier 1712),
dont les annales du couvent ont conservé un précieux souvenir,
on célébra à Romans la canonisation de sainte Catherine de
Bologne, qui avait été mise au catalogue des saints par une
bulle de Clément VI, en date du 9 juillet 1712. La fête, pré-
cédée de longs préparatifs, eut lieu dans le monastère de Romans
le 15 novembre 1713, un samedi, jour de la commémoration de
Sainte-Catherine, martyre.

« La solennité commença, à midi, par le son de toutes les
cloches des paroisses et des couvents de la ville. A trois heures
de l'après-midi, on porta la bannière à Saint-Barnard, elle fut
bénie par M. de Pourroy, sacristain et supérieur de notre communauté. Une bannière entièrement semblable avait été en-
voyée dans toutes les maisons de notre ordre. Elle représentait
la sainte à genoux devant la très-sainte Vierge, portée sur un
nuage, présentant à sainte Catherine le saint enfant Jésus
(nous en possédons toujours le précieux tableau dans notre
chœur). Après la bénédiction de la bannière, la publication de
l'indulgence fut annoncée par M. Trollier, chanoine [1]. Ensuite
la procession sortit de l'église de Saint-Barnard, ayant en tête
la bannière, portée par un Père Capucin. Tous les corps religieux y étaient, ainsi que le conseil de la ville. La musique
des violons et le son de toutes les cloches faisaient ressentir une
sainte joie. Le *Te Deum* fut chanté par MM. du chapitre de
Saint-Barnard, qui entrèrent dans notre église à quatre heures
du soir; ensuite ils donnèrent la bénédiction.

---

(1) Le chanoine Jean Trollier, décédé le 13 mars 1736. Il avait vendu, en
1704, à l'hôpital général une usine, qui est aujourd'hui un moulin à tan
enclavé dans a caserne de la Presle.

» Le lendemain, dimanche, 26 du courant, ils officièrent tout le jour. Le lundi, ce furent les RR. PP. Cordeliers; le mardi, les RR. PP. Capucins et Récollets. Le mercredi, ce fut encore, paraît-il, le chapitre qui officia. Le jeudi, vinrent les pénitents de la ville; le vendredi, la paroisse de Saint-Romain; le samedi, la procession du Bourg-du-Péage, et le dimanche, celle de Saint-Nicolas; à trois heures de l'après-midi, il y eut une procession générale; MM. de Saint-Barnard chantèrent les vêpres et le *Te Deum* et donnèrent la bénédiction pour la clôture de la solennité, au son de toutes les cloches et des violons, qui jouèrent, du reste, aux grandes messes et aux vêpres pendant toute l'octave [1]. »

Les rapports bienveillants qui avaient toujours existé entre les PP. Capucins et les Clarisses de Romans furent cimentés par des conventions spirituelles faites le 6 septembre 1717 [2]; elles étaient rédigées en ces termes :

« Nous soussignés, provincial et définiteur des Capucins de la province de Lyon, dite de Saint-Bonaventure, d'une part, et l'abbesse du monastère de Sainte-Claire de Romans, de l'autre, et ses religieuses,

» Pour marquer la parfaite et spirituelle union qu'il y a entre les RR. PP. et lesdites Dames de Sainte-Claire, et voulant confirmer et augmenter à l'avenir dans l'esprit de N. S. J. C. cette union si édifiante, sommes convenus ce qui suit :

» Lorsqu'un religieux Capucin de la communauté de Romans décèdera, les dames religieuses de Sainte-Claire diront en communauté l'office des morts et feront dire une messe pour le défunt, à laquelle elles appliqueront la communion pour le repos de son âme; et les Capucins, de leur part, quand une religieuse de Sainte-Claire de Romans décèdera, diront pareillement l'office des morts et célèbreront une grand'messe pour

---

(1) Manuscrit déjà cité.

(2) L'expédition de ces conventions ayant appartenu aux Capucins de Romans porte la date du 12 août.

la défunte, à laquelle les religieux qui ne sont pas prêtres appliqueront la communion pour le repos de l'âme de la défunte.

» Fait à Thiers, le 6 septembre 1717.

» Signés : Ennemond de Macon, Capucin provincial et tous les religieux ;

» Sœur Jeanne de la Croix de Monteizet, abbesse, et toutes les religieuses. »

Le couvent de Sainte-Claire possédait quelques fonds disponibles provenant de la dot spirituelle d'une religieuse. Par acte du 18 août 1730, il prêta à l'abbaye de Vernaison 2,500 livres, moyennant une rente constituée de 125 livres. Cette somme fut remboursée le 20 juin 1740 par Mme de Langon, abbesse de Vernaison.

Agnès Genevez fut élue abbesse le 6 avril 1748. Elle était née à Lyon d'une famille distinguée par ses vertus et par ses richesses. C'était une noble et belle personne; à des talents remarquables et une grande élévation de sentiments elle joignait la bonté du cœur et la fermeté de l'âme.

Vers le milieu de ce siècle, le monastère de Sainte-Claire fut le théâtre d'un événement qu'on sera bien aise de connaître, car il rappelle un des côtés de la législation ou plutôt du bon plaisir qui régnait à cette époque, et auquel n'échappaient pas les personnes vivant au fond des cloîtres.

Nous extrayons du manuscrit déjà souvent mis à contribution dans notre notice le récit suivant, où l'on trouvera une certaine liberté d'appréciation et une sensibilité de bon aloi.

« La communauté de Sainte-Claire de Lyon était dans une position critique. Les autorités ecclésiastiques, appuyées du bras séculier, voulaient remettre ce monastère sous la juridiction du prélat diocésain, qui se trouvait pour lors le cardinal de Tencin, archevêque de Vienne [1].

---

(1) Pierre Guérin de Tencin, né à Grenoble, le 22 août 1679, fut nommé, en mai 1724, archevêque d'Embrun, le 13 février 1739, cardinal, et le 24 septembre 1740, archevêque de Lyon. Il mourut dans cette ville le 2 mars 1758. Le premier membre connu de la famille Guérin est un colporteur des Hautes-Alpes qui vint s'établir à Romans. On voit encore dans le mur

» La pensée d'être soustraites de la conduite des Pères de notre ordre, comme le prescrit notre sainte règle, alarma un certain nombre de ces bonnes religieuses. Elles témoignèrent une grande répugnance pour cette transaction. Il parut même dans leur conduite une espèce d'opiniâtreté.

» L'abbesse de concert avec le cardinal déjà nommé prirent une détermination rigoureuse : irrités contre des religieuses qui n'avaient pas plié assez vite à leur gré, ils voulurent les traiter en sujets rebelles. Hélas ! un peu de patience et de douceur aurait ramené ces bonnes âmes qu'un attachement trop vif pour l'observance de la règle avait un peu égarées. Enfin , la détermination prise, il fallut l'exécuter. On s'adressa à la R. M. Genevez, qui était de Lyon. On lui proposa de prendre, moyennant une pension, les religieuses qu'on lui enverrait. La prudente Mère, après avoir pris l'avis de ses supérieurs et de son conseil, répondit qu'elle recevrait autant de religieuses que son couvent pourrait en contenir, mais que pour donner des siennes, elle n'y consentirait jamais : elles étaient toutes les enfants de son cœur. Cette réponse aurait dû calmer l'abbesse de Lyon ; mais l'irritation contre les Sœurs récalcitrantes était trop profonde pour s'arrêter.

» Le cardinal de Tencin obtint des lettres de cachet de Louis XV, avec ordre à ses officiers de justice de faire sortir trois religieuses du monastère de Sainte-Claire de Lyon, et de les conduire comme prisonnières d'État dans celui de Sainte-Claire de Romans. Ces religieuses étaient déjà anciennes. L'une d'elles, Sœur Louise-Marie de Loras, avait, ce semble, quelques droits à ne pas sortir d'un monastère dont ses ancêtres avaient été les fondateurs. N'importe ! on n'eut égard ni à son âge, ni à son rang, ni à sa famille, qui habitait Lyon : il lui fallut subir son sort avec ses compagnes, à peu près de son âge, qui se nommaient : Sœur Marie-Anne de l'Incarnation de Pestalozy et Sœur Anne de la Nativité Passard ; on leur avait adjoint la Sœur Agnès, tourière.

---

qui soutient le jardin de la maison Duvivier les arceaux de son magasin. Son fils Antoine devint juge royal de Romans et reçut d'Henri III des lettres de noblesse datées d'octobre 1581.

» Le moment fatal arriva ; il fallut sortir de leur couvent où
elles étaient fermées depuis quatre ans. Quatre cavaliers de la
maréchaussée (gendarmes) les accompagnaient. Ils avaient
ordre de les faire entrer dans la ville à pied, comme des prisonnières d'État. Ces braves gens étaient bien peinés de conduire
de la sorte des personnes aussi respectables et dont l'aspect
annonçait la sagesse et la vertu. Arrivés à la porte de Clérieu,
ils quittèrent leurs uniformes pour leur éviter de se voir au
milieu de la rue escortées par des militaires. Ils les avertirent
de descendre de voiture. Heureusement le trajet de la porte de
Clérieu à Sainte-Claire n'était pas long : la porte du couvent
fut bientôt ouverte, et elles furent heureuses dans leur malheur
de tomber dans une maison régie par une supérieure telle
qu'était la R. M. Genevez. Que ne fit pas, en effet, cette tendre
mère pour les nouvelles filles que la Providence lui avait
envoyées ! Elle les consola, les encouragea, mit tout en œuvre
pour leur faire oublier qu'elles étaient exilées. Mais malgré tout
ce que put faire cette digne Mère, ainsi que la communauté,
elles ne purent jamais s'accoutumer... et toujours leurs regards
se portaient vers Lyon, surtout la bonne Sœur de Loras, qui
disait en soupirant : Si au moins je pouvais voir le clocher de
Fourvières ! Mais cette consolation lui fut refusée ! Elle mourut
chez nous le 1er juin 1759, à l'âge de 67 ans, dont 48 passés en
religion. Le 10 octobre de la même année, ses deux compagnes
furent rappelées à Lyon par Mgr de Montazet, successeur du
cardinal de Tencin. »

L'abbesse Agnès Genevez décéda le 24 mars 1773. Le chapitre de Saint-Barnard en corps assista à ses funérailles, et le
R. P. Clément, Capucin, prononça son panégyrique. Le 5 avril
suivant fut élue Sœur Marie-Rosalie Faure [1], native de Romans.

---

(1) Son frère, M. Jean-François Faure, contrôleur des gabelles, et sa
belle-sœur, Madeleine Charbonnel, cédèrent un moulin, des capitaux et
des rentes aux trois hôpitaux de la ville existant à cette époque. Par ces
diverses fondations les époux Faure acquirent le droit, que possèdent
encore leurs héritiers, de placer quatre malades dans les salles de l'hospice de Romans.

Elle n'avait certainement pas des talents aussi saillants que sa vénérable devancière, mais elle possédait les qualités essentielles pour remplir dignement sa charge, et elle sut supporter avec courage les tribulations dont la Révolution l'accabla elle et ses chères filles. Dans une visite que leur fit Mgr Lefranc de Pompignan [1], il dit à Mme Faure : Madame l'abbesse, faites-moi voir votre crosse : alors elle sortit une croix de bois qu'elle portait sur sa poitrine et lui répondit en la lui montrant : Monseigneur, la voilà! Ah! vous avez bien raison, s'écria le prélat, de vous appuyer sur la croix; c'est bien le plus ferme appui : car à cette époque on pressentait déjà les orages révolutionnaires.

En 1789, on commença par proscrire les vœux religieux. Défense fut faite à toutes les communautés de recevoir des novices. Dans l'intervalle compris entre cette interdiction et la sortie, il mourut dans le couvent de Sainte-Claire sept religieuses. On aurait dit que Dieu voulait diminuer le nombre de ces pauvres filles, qui préféraient la mort à l'abandon de leur chère solitude.

D'après la déclaration remise au directoire du district de Romans par l'abbesse et les religieuses, les biens de la communauté consistaient dans les articles suivants :

1° La maison conventuelle avec l'église (ce vaste bâtiment, vendu par l'État en 1792 pour la somme de 6,000 livres, est aujourd'hui occupé par des tanneries);

2° Le grand jardin situé de l'autre côté de la rue (il est traversé par un cours d'eau sur lequel on a établi des lavoirs pour les lessives et une usine à soie);

3° Le domaine de Conton, affermé 2,000 livres par an;

---

(1) Jean-Georges-Marie Lefranc de Pompignan, né à Montauban le 22 février 1715, mort le 29 décembre 1790. Il avait été nommé en 1774 archevêque et comte de Vienne et vice-gérant du Souverain Pontife dans la province viennoise. Il présida, en septembre et en décembre 1788, les États de Dauphiné assemblés à Romans. Il fut nommé député aux États-Généraux, puis ministre de la feuille des bénéfices.

4° Le domaine de Rivail, dont le revenu était de 1,650 livres (il a été vendu nationalement le 3 janvier 1791, au prix de 48,400 livres);

5° Le domaine de Plantier, affermé 1,500 livres (il a été vendu le 4 janvier 1791 pour la somme de 45,300 livres);

6° Le domaine de Gourdon, qui rendait environ 700 livres (il a été vendu le 4 janvier 1791, 22,200 livres);

7° Le petit domaine de la Bernarde et la terre de Charlieu, qui rapportaient 190 livres (ils ont été vendus le 8 janvier 1791 pour le prix total de 4,114 livres);

8° Terre et pépinière, vendues à la même époque 1,050 livres;

9° Plusieurs articles de rentes sur l'État du roi, sur les États du Languedoc, les notaires du Châtelet de Paris et divers particuliers s'élevant à 1,272 livres 1 sol 3 deniers de rente annuelle [1].

On conseilla à ces dames de sauver au moins une partie du mobilier. A l'aide de personnes dévouées, elles firent sortir et transporter chez un mégissier du voisinage une assez grande quantité de meubles et d'objets dont on remplit son atelier et sa cave. D'autres effets, avec les archives du monastère, furent confiés à divers particuliers. Néanmoins, lorsque les agents de la commune vinrent faire l'inventaire, elles s'opposèrent encore à ce qu'ils inscrivissent les objets qui leur appartenaient personnellement, sans pouvoir toujours y réussir [2]. Quoi qu'il en soit, voici un résumé de cette opération.

---

(1) Cette déclaration était signée par toutes les personnes composant alors la communauté, au nombre de 24, savoir : 18 religieuses de chœur, 4 sœurs converses et 2 tourières.

(2) L'abbesse et la sœur économe adressèrent au directoire du district une requête pour réclamer les meubles qui leur appartenaient et ceux qui étaient à leur usage personnel, et pour demander qu'on leur laissât certains modiques effets et ustensiles de ménage dont elles donnaient la liste. Cette demande fut sans doute accordée, car ces différents objets furent signalés, sous toutes réserve et protestation, comme manquant dans le récolement dressé, le 10 octobre 1792, par Avite Charvat et Jean-Joseph Clément, administrateurs du district, délégués par leurs collègues. Les

Le 10 novembre 1790, en exécution de la loi du 22 avril et la délibération du directoire du district du 25 octobre, il a été procédé à l'inventaire du mobilier, des titres et papiers dépendant du monastère de Sainte-Claire de Romans, en présence de Marie-Rosalie Faure, abbesse, Marie Valet, vicaire, et Marie Bouchet, économe, par M. Duportroux, maire; MM. Pinel, Antelme, Borel, Vinay, Jullien, Second et Pain, officiers municipaux, et François, procureur de la commune.

Dans la sacristie s'est trouvé un calice avec sa patène, deux burettes, une autre patène, un custode et un ostensoir en argent, pesant le tout environ sept marcs et demi.

La cloche du clocher pesait environ 150 livres.

Le parloir, la chambre de la communauté, le réfectoire, le chauffoir, la cuisine, la boulangerie, le noviciat, la grande et les deux petites infirmeries, la pharmacie ne contenaient que des meubles très-modestes et des ustensiles de ménage. Il suffit de signaler vingt-six douzaines de serviettes, six nappes, deux douzaines de draps de lit pour les malades, deux grands et quatre petits alambics. Il n'a été inscrit que six lits et aucun livre ou imprimé.

A partir de cette époque jusqu'au jour de leur sortie, l'existence de ces religieuses devint très-difficile surtout à cause de l'installation d'un clergé assermenté avec lequel leur conscience leur interdisait toute espèce de rapports. Ainsi, le 25 avril 1791, fête de Saint-Marc, le curé constitutionnel de la paroisse de Romans s'étant présenté pour faire, suivant l'usage, une station dans la chapelle du monastère, l'abbesse, pour protester contre le nouveau pasteur, fit fermer la grille du chœur et donna l'ordre aux sœurs de se retirer dans leurs cellules.

Enfin le jour fatal arriva où les Clarisses durent courber la tête sous l'inéxorable loi de la nécessité et s'éloigner de leur monastère. Les agents, en leur signifiant l'arrêt de leur sortie,

---

religieuses furent déchargées des objets représentés, et comme elles allaient sortir à l'instant, on établit pour garde du monastère, complètement évacué, le sieur Jean Revoyron, sergent de quartier.

leur demandèrent poliment à quelle heure elles voulaient qu'ils procédassent à l'exécution de l'ordre dont ils étaient chargés. Il fut convenu que ce serait le 11 octobre à neuf heures du soir [1]. Le R. P. Thadée, religieux Capucin, leur directeur depuis une vingtaine d'années, vint à minuit célébrer la sainte messe et les communier pour la dernière fois. Il consomma les saintes espèces et purifia les vases sacrés. La journée fut employée à faire les préparatifs du départ. Vers neuf heures, après s'être, non sans regret, dépouillées du costume religieux, elles se rendirent à la porte, ayant à leur tête leur vénérable abbesse, qui jusque-là avait montré beaucoup d'énergie; mais quand il fallut remettre les clefs, ses forces l'abandonnèrent. Un instant après les religieuses, accompagnées de quelques amis, se mirent en marche au nombre de treize, les autres avaient été emmenées par leurs parents; elles se rendirent par une pluie torrentielle au quartier de Saint-Nicolas, chez M. de Maucune [2], ancien chanoine, où elles trouvèrent un refuge plus bienveillant que commode. Le lendemain, beaucoup de dames de la ville vinrent leur rendre visite et leur offrir, avec des témoignages de la plus vive sympathie, tous les secours dont elles pouvaient avoir besoin. Les religieuses remercièrent : M. de Maucune s'était chargé de les nourrir, et elles avaient quelques ressources en argent [3]. Mais elles furent bientôt dispersées par suite des tracasseries que l'on fit éprouver à leur digne protecteur.

---

(1) Le procès-verbal des commissaires du district porte que la sortie des religieuses de Sainte-Claire de leur couvent s'effectua le 10 octobre 1792, à six heures du soir. (*Archives de la préfecture de la Drôme.*)

(2) François Popon de Maucune, chanoine de Saint-Barnard, fils d'un procureur du roi en l'échevinage de Romans, se retira, en 1793, comme pensionnaire à l'hôpital de Sainte-Foy, dont il avait été recteur en 1765 et où il mourut le 3 septembre 1798, âgé de 70 ans.

(3) D'après l'état de leurs revenus, la pension de chacune des religieuses de Sainte-Claire de Romans fut fixée à 280 livres. Par une pétition adressée au directoire du district, elles demandèrent que cette pension fût élevée à 300 livres, faisant remarquer que leurs biens avaient été vendus 200,000 livres et qu'il ne serait plus payé à la maison que la somme viagère de 5,880 livres.

Les Clarisses se divisèrent dans trois petites communautés : une située rue Saint-Nicolas , la seconde dans la maison Bonnot et la troisième rue de Clérieu, dans la maison dite *La Condamine*. Elles travaillaient de leurs mains, faisaient l'école à de petites filles , et, malgré leur pauvreté , se dévouaient à toutes sortes d'œuvres de charité.

Elles possédaient un saint-sacrement, et toutes les fois qu'elles pouvaient avoir un prêtre connu et fidèle à l'église romaine, elles le priaient de se rendre chez elles pour offrir le saint sacrifice de la messe [1]. Un jour, un prêtre arriva le matin, accompagné de deux autres ecclésiastiques. Ce prêtre parut devant l'autel, et ses deux compagnons le revêtirent des vêtements sacerdotaux. Après avoir célébré la messe, il s'échappa sans rien dire aux religieuses. Mais combien fut grand l'étonnement de celles-ci et quels regrets elles ressentirent quand elles apprirent que ce prêtre qu'elles avaient à peine eu le temps de voir n'était autre que Mgr d'Aviau, leur saint archevêque [2].

---

(1) La messe fut célébrée à Romans pendant les plus mauvais jours de la Révolution, tantôt dans une maison, tantôt dans une autre : elle fut même dite, à peu près sans interruption à l'hôpital général, grâce au dévouement de l'aumônier directeur, l'abbé Bossan. Les tracasseries de l'intolérance furent plus grandes sous le Directoire que pendant le règne de la Terreur. C'est alors qu'eurent lieu à Romans des visites domiciliaires pour rechercher les prêtres réfractaires. Mais, par l'effet du bon esprit de la population et de la modération des autorités locales, les perquisitions n'eurent jamais aucun résultat, entre autres celle faite avec un grand déploiement de force dans la nuit du 27 juillet 1798. Quant au serment politique qu'on aurait exigé des mêmes religieuses, on n'en trouve aucune trace dans les registres municipaux.

(2) Charles-François d'Aviau du Bois-Sanzay, né le 7 avril 1731, fut nommé vers la fin de 1789 archevêque de Vienne. Son siége ayant été supprimé et lui-même ayant été dénoncé, il erra longtemps en proscrit, sous un faux nom, dans diverses localités de son ancien diocèse. Enfin il fut, en 1802, transféré sur le siége archiépiscopal de Bordeaux. Par une circulaire datée du 18 août 1792, Mgr d'Aviau avait donné aux religieuses des avis propres à régler leur conduite, tant intérieure qu'extérieure, pour le temps où elles cesseraient de s'acquitter en commun de toutes les obligations que leur règle, les constitutions et les coutumes leur avaient imposées.

Dès que la liberté des cultes eut été rendue, les oratoires secrets furent prohibés. Il fallut donc que les religieuses se rendissent à l'église paroissiale pour entendre la messe et faire leurs autres actes de dévotion : ce qui leur fit désirer de rentrer dans leur chère clôture. Il ne fallait pas songer à leur ancien monastère : la proximité des eaux y avait fixé des industries, telles que des mégisseries, des tanneries, des teintureries [1]. Un ancien chanoine, M. Machon [2], avait recommandé à ses héritiers, MM. Charles, de mettre sa maison à la disposition des anciennes sœurs Clarisses, si elles désiraient s'y établir. C'était un vaste bâtiment situé rue du Fuseau, où elles entrèrent le 5 août 1805, ayant à leur tête leur ancienne abbesse, la R. M. Faure, alors âgée de 85 ans. De vingt-deux qu'elles étaient en 1792, il n'en restait plus que onze : sept étaient décédées, une s'occupait de la fondation d'un monastère à Valence, trois autres ne rentrèrent pas. Le 1er septembre, après les vêpres de la paroisse, le clergé vint en chappe et en surplis, accompagné d'une foule nombreuse, pour bénir le nouveau monastère, où, après les appropriations les plus indispensables, ces religieuses s'étaient imposé la clôture au sein de la plus grande pauvreté, à laquelle subvenaient seulement une pension de 164 fr. accordée par le Gouvernement impérial et les secours d'un vertueux chanoine [3].

Le 10 septembre 1805, l'évêque de Valence transmit au préfet, avec un avis favorable, une pétition tendant à obtenir de

---

(1) Après la vente du couvent, en 1792, la chapelle devint une mégisserie, puis une tannerie. En 1812 et en 1852 on y creusa des fosses pour la préparation des cuirs. Ces travaux mirent au jour une grande quantité d'ossements, qui furent soigneusement recueillis et portés au cimetière de la paroisse, et non jetés dans l'Isère, comme l'a dit M. L. F. Guérin dans son *Auréole de Sainte-Claire*.

(2) M. Gaspard Machon, ancien chanoine, est décédé le 9 avril 1804, âgé de 84 ans.

(3) M. François Duportroux, ancien maître de chœur du chapitre de Saint-Barnard, décédé le 11 octobre 1815, à l'âge de 80 ans.

Sa Majesté une chapelle domestique en faveur des anciennes
Clarisses de Romans. Cette demande fut immédiatement trans-
mise au ministre des cultes, en réclamant de sa bienveillance
une autorisation « qui ne pouvait avoir aucun inconvénient. »
Grâce à la bonne entente des autorités et au bon vouloir du
Gouvernement, cette autorisation ne se fit pas longtemps atten-
dre, comme le témoignent les pièces suivantes :

« Valence, le 16 frimaire an XIV (8 décembre 1805).

» Le Préfet du département de la Drôme.

» N'ayant point oublié l'intérêt que porte Madame de Bressac [1]
» au succès de la demande de Madame Marie-Claire Brenier,
» ci-devant religieuse [2], d'être autorisée d'avoir une chapelle
» domestique dans la maison qu'elle occupe à Romans, je
» m'empresse d'avoir l'honneur de l'informer qu'il reçoit à
» l'instant l'avis de S. Exc. le Ministre des cultes que S. M. a
» bien voulu sanctionner cette permission par un décret daté
» du camp de Brunau (Haute Autriche), du 10 brumaire an
» XIV. »

« Valence, le 24 frimaire an XIV (16 décembre 1805).

» Madame,

» J'ai l'honneur de vous adresser de la part de Monsieur
» l'Évêque une permission pour faire célébrer les saints mys-

---

(1) La famille de Bressac, fixée à Valence, s'est alliée plusieurs fois à
des familles romanaises. Marie-Anne de Bressac s'unit à Philippe Duvivier,
président à la Chambre des Comptes ; elle se remaria, le 15 avril 1701,
avec Gérard de Lally et fut mère du célèbre et infortuné Lally de Tol-
lendal, gouverneur général des Indes. Marie-Françoise de Bressac épousa
Ferdinand-Bruno Duvivier de Fay, seigneur de Veaunes, capitaine au régiment Royal-Vaisseaux.

(2) Fille de Louis Brenier, ancien officier, et de Claire Alland ; elle avait
fait profession en 1752, à l'âge de 17 ans.

» tères dans la chapelle domestique de votre maison. Le Préfet
» se félicite d'en avoir obtenu l'agrément de S. M. I. et R.,
» puisque cet établissement procurera à vous, Madame, et à
» vos chères co-associées des consolations bien douces à vos
» cœurs et contribuera à nourrir votre édifiante piété.

» J'ai l'honneur d'être, etc.

» Brisson, chanoine, secrétaire épiscopal. »

« François Bécherel, par la miséricorde divine et par l'au-
» torité du Saint-Siége apostolique évêque de Valence, vu le
» décret impérial du 10 brumaire an XIV, à nous adressé par
» S. Exc. le Ministre des cultes dans sa lettre du 11 frimaire,
» par lequel S. M. I., sur notre demande, en conformité de
» l'art. 44. des articles organiques de la convention du 26
» messidor an IX, permet de faire dire la messe dans la cha-
» pelle domestique dépendant de la maison occupée à Romans
» par Madame Claire Brenier, ci-devant religieuse de Sainte-
» Claire, nous avons autorisé et autorisons par les présentes
» la célébration de la messe dans ladite chapelle, aux termes
» et conformément aux règles prescrites par les saints canons
» et les ordonnances synodales de notre diocèse pour la célé-
» bration de la messe dans ces sortes d'édifices consacrés à
» Dieu; n'entendant qu'il ne soit en rien dérogé auxdites
» règles à ce sujet. Nous recommandons expressément à ladite
» dame Claire Brenier de tenir ladite chapelle dans un état de
» décence digne de la sainteté des cérémonies qui y seront
» exercées.

» † François, évêque de Valence [1]. »

La rumeur publique ayant appris au préfet qu'une réunion
nombreuse, une sorte de corporation, occupait la maison de

---

(1) François Bécherel, ancien évêque constitutionnel de la Manche,
nommé par l'empereur évêque de Valence, le 5 juillet 1802. Il est mort
dans cette ville, le 21 juin 1815.

Madame Brenier, ce magistrat écrivit, le 20 février 1806, au maire de Romans pour l'inviter à visiter cette maison dans le plus grand secret et à constater ses observations.

M. Dochier, maire de Romans, répondit au préfet par le procès-verbal suivant :

« Du lundi 24 février 1806, à quatre heures de l'après-midi, nous nous sommes rendu, avec toutes les précautions requises, dans la maison où Mme Brenier, ex-religieuse, a obtenu la permission d'une chapelle domestique. Parvenu à la porte de ladite maison, seul, nous nous sommes annoncé en notre qualité de maire ; sur le champ les portes nous ont été ouvertes avec empressement et il nous a paru que cette visite n'a fait de la peine à personne. Arrivé dans une salle, plusieurs dames se sont présentées couvertes d'un voile noir ; nous leur avons demandé quel était le costume qu'elles portaient : elles nous ont répondu qu'elles usaient les habits des ci-devant religieuses de Sainte-Claire qu'elles avaient autrefois, et aux questions qui leur ont été faites, en conformité de la lettre de M. le Préfet, elles nous ont donné les réponses suivantes :

» La maison où nous sommes appartient, par acte public, à D.^{lle} Julie Chiéze [1], fille majeure, sans père et sans mère. La D.^{lle} Chiéze a loué cette maison à des ex-religieuses de Sainte-Claire, dont les noms suivent :

Jeanne Faure, âgée de.	85 ans.
Marie-Françoise Vallet.	74
Claire Brenier	71
Anne Roux.	68
Françoise Chatain	60
Régis Chatain	50
Anne Giraud	40
Anne Roland Garagnol	45
Angélique Champon	36

---

(1) Plus tard, l'acte de vente fut fait par M. Ferdinand Charles, aux noms des sœurs Suzanne Chatain et Marie-Anne Champon, pour le prix de 2,000 fr.

Françoise François. . . . . . . 60 ans.

Jeanne Gravoulet. 50

Angèle Duc. 50

» Dix de ces dames sont sorties du monastère de Romans, une de celui de Grenoble. Elles n'ont point de domestiques ; elles font tous les travaux de ménage (une servante, qui habite hors de la maion, fait les commissions) ; elles vivent avec la plus grande économie ; leurs ressources consistent dans la pension qu'elles reçoivent du Gouvernement et dans le produit de quelques petits travaux. Quatre personnes sont venues chercher un asile dans cette maison :

Madeleine Chabert, âgée de . . 26 ans.

Rose Chabert. 21

Euphrosine Mossan 21

Laurence François. 45

» Ces personnes payent une pension. Les motifs qui les ont conduites dans cette retraite sont la piété et le désir de vivre loin du monde. Tout ce qu'on y voit est édifiant ; il y règne une paix profonde ; on ne s'aperçoit pas à l'extérieur qu'elles existent.

» Ces dames m'ont déclaré qu'elles n'ont point l'intention de former une association religieuse ; qu'elles se conforment toujours aux lois et aux ordres du Gouvernement ; étant presque toutes âgées ou infirmes, elles n'ont d'autre but que de se soulager les unes les autres et de mourir en paix.

» J'ai parcouru la maison ; on lui a donné la forme extérieure d'une retraite. L'intérieur a été réparé pour loger les personnes qui l'habitent. J'estime que ces réparations ont coûté environ 4,000 fr. Ces fonds viennent ou des économies domestiques ou des dons des parents. Il ne m'est parvenu aucun bruit au sujet de cette réunion.

» Ainsi fait et dressé à Romans, ledit jour 24 février 1806.

« Signé : Dochier, maire [1]. »

---

(1) Dochier (Jean-Baptiste), avocat, jurisconsulte, né le 6 octobre 1743. Il a été juge au tribunal du district (1790), membre de l'Assemblée législative (1791), juge au tribunal de cassation (1793), maire de Romans (1805-1808). Il est mort dans cette ville, le 28 décembre 1828, laissant une somme de 300 fr. aux religieuses du couvent de Sainte-Claire.

Malgré ce bienveillant rapport, évidemment arrangé de manière à tranquilliser une autorité ombrageuse, le ministre des cultes, par sa lettre du 14 juillet 1807, informe le préfet que l'administration ne pouvait tolérer la réunion d'anciennes Clarisses de Romans qu'autant qu'elles auraient reçu une existence légale, après avoir consenti à se conformer aux statuts des Clarisses de la ville du Puy, approuvés par un décret. Les religieuses de Romans ayant refusé d'adopter ces statuts, sous prétexte qu'elles n'avaient point de local, le préfet, en conséquence de ce refus, prit un arrêté en date du 17 novembre par lequel il leur interdisait de porter l'habit religieux, de vivre en corporation et de recevoir des prétendantes ou novices. Les vieilles ou anciennes Clarisses étaient autorisées toutefois à finir paisiblement leurs jours ensemble.

Chargé de signifier le présent arrêté et de prendre de nouvelles informations, le maire de Romans dressa, les 19, 20 et 22 novembre, un rapport rédigé dans un esprit à la fois bienveillant et sceptique; et, parlant pour elles, il fait connaître que les dames Clarisses, pénétrées de respect et d'obéissance pour les lois, l'auguste chef de l'empire et tous ceux qui exercent son autorité, acceptent d'esprit et de cœur le décret impérial du 25 janvier 1807, qui a pour but de les consacrer à l'instruction gratuite des filles pauvres; qu'elles demandent un délai pour préparer le local destiné à recevoir ces élèves, avouant qu'elles n'avaient pas d'abord senti la portée de la demande qui leur avait été faite, et qu'elles prient le Gouvernement de vouloir bien oublier un moment d'erreur, et, pour donner une preuve de leur obéissance et de leur bonne volonté, elles s'empressent de signer individuellement la pétition suivante, à l'effet de rester unies.

« N...., Clarisse de la Maison de Romans, a l'honneur de vous exposer qu'elle a déclaré à M. le Maire de cette ville et qu'elle déclare à vous, M. le Préfet, qu'elle veut se conformer au décret impérial du 25 janvier 1807, relatif aux dames de Sainte-Claire du Puy; en conséquence, elle vous prie de lui permettre de continuer à rester avec ses compagnes dans leur Maison de Romans pour se rendre les secours mutuels que leur âge, leurs infirmités et leur indigence exigent, à l'offre qu'elle fait de se conformer aux lois et au décret précité.

» Signé : N... »

En envoyant ces pétitions, au nombre de dix-neuf (deux suivirent quelques jours après), le maire dit qu'il a remarqué chez toutes ces religieuses beaucoup de vertus, un peu d'entêtement, très-peu de lumières, et qu'elles inspirent plus de pitié que de colère.

Par une dépêche du 14 décembre 1807, le Ministre des cultes, après avoir exprimé sa satisfaction sur la manière dont le maire de Romans s'était acquitté de sa mission, autorisa le préfet à appliquer aux Clarisses de cette ville les dispositions du décret du 25 janvier 1807, à condition qu'elles s'occuperont sans délai de recevoir les jeunes personnes auxquelles elles doivent donner l'instruction gratuite.

En conséquence, les Clarisses firent, le 2 janvier 1808, l'ouverture d'une école gratuite, en présence de M. le curé de Saint-Barnard et des personnes généreuses qui avaient fourni le mobilier de la salle. A cette occasion, le maire écrivit confidentiellement au préfet : « L'instruction publique ne retirera qu'un médiocre avantage de l'école gratuite que ces dames viennent d'ouvrir. Il y en a parmi elles qui n'ont ni l'âge ni les moyens nécessaires; peut-être y en a-t-il qui manquent de bonne volonté; mais aucune d'elles ne manque des vertus que leur état exige. »

Les statuts signés par les Clarisses n'ayant pas été copiés littéralement sur ceux de leurs sœurs du Puy, l'évêque de Valence leur écrivit, le 4 février 1808, une lettre très-sévère pour leur reprocher de s'être permis des changements dans un objet d'une si grande importance. Il attribuait cette hardiesse à leur ignorance ou plutôt à une mauvaise direction. Il leur fait savoir que si elles veulent mettre leur volonté à la place du Gouvernement, il leur retirera sa protection. Enfin, il leur envoie tout copiés les statuts des Clarisses du Puy; il les invite à les signer, à les faire revêtir des formes légales et à les adresser au préfet.

Voici en quoi consistaient ces statuts :

« ART. 1er. Les dames de Sainte-Claire se proposent de donner gratuitement l'instruction aux filles pauvres de la ville de Romans et des environs.

» ART. 2. Elles sont gouvernées dans l'intérieur de leur maison par une supérieure, qu'elles élisent à la pluralité des voix et à laquelle elles donnent le nom d'*abbesse* ; elle est assistée par quatre d'entre elles, élues aussi à la pluralité des voix, appelées *discrètes*.

» ART. 3. Elles ont des sœurs appelées *converses*, qui n'ont point de part au gouvernement, qui les servent pour les affaires extérieures de la maison, et qu'elles traitent avec charité et amitié.

» ART. 4. Le temps de probation pour celles qu'elles reçoivent parmi elles est d'une année dans l'intérieur de la maison.

» ART. 5. Chaque dame, avant d'être engagée, peut disposer de ses biens en faveur de ses parents ou en conserver la propriété ; elle peut recueillir les successions ou héritages qui pourraient lui échoir ; mais dès qu'une fille est agrégée dans la maison, l'usufruit qui en proviendrait doit être versé dans la masse pour subvenir aux besoins communs.

» ART. 6. Les dames de Sainte-Claire sont soumises pour le spirituel à l'évêque diocésain et pour le temporel aux magistrats civils.

» Ainsi arrêté par les dames Clarisses, réunies dans la ville de Romans, le 26 janvier 1808, pour être présenté à M. le maire de ladite ville, avec prière de transmettre la présente à M. le préfet de la Drôme, et ont toutes lesdites dames Clarisses signé individuellement :

» Marie-Françoise Vallet, Claire Brenier, Marianne Revous, Marthe Chatain, Suzanne Chatain, Félicité Giraud, Marie-Victoire Champron, Marguerite Duc, Virginie Correard, Euphrosine Mossan, Marianne Chabert, Françoise Chotain, Florence Chirouze, Sophie Delaye, Laurence François, Anne Roland, Françoise François, Jeanne Gravoulet, Marguerite Vienet, Catherine Baude.

» Vu par nous, maire de la ville de Romans, le 8 février 1808.

» Signé : DOCHIER, maire.

» Nous certifions que les statuts ci-dessus sont conformes à ceux que le Gouvernement a donnés aux dames de Sainte-Claire du Puy.

» A Valence, le 13 février 1808.

» Signé : J. F. BÉCHEREL, évêque. »

En conséquence, le préfet prit un arrêté, le 18 février, portant approbation provisoire de l'association religieuse des dames de Sainte-Claire qui a pour but de se consacrer à l'instruction gratuite des jeunes filles pauvres; ce qui fut approuvé, le 29, par le Ministre des cultes.

Au commencement de l'année 1813, la communauté de Sainte-Claire fut sur le point de se dissoudre ou du moins de quitter la ville. Nous ignorons les motifs vrais de cette détermination. La correspondance suivante en laisse entrevoir quelques-uns.

Lettre des religieuses Clarisses à M. le Préfet de la Drôme.

« Romans, le 3 mars 1813.

» Monsieur,

» Notre réunion dans cette ville ayant eu l'approbation du
» Gouvernement et la protection de votre bienveillance, sous
» une condition bien chère à nos cœurs : celle d'instruire les
» filles pauvres, cesser, sans vous en prévenir, de remplir ce
» devoir de charité qui nous a été imposé par une autorité res-
» pectable, serait méconnaître les bontés que vous avez eues pour
» nous et manquer de reconnaissance pour la protection dont
» vous avez daigné nous honorer. Mais vous allez juger, Mon-
» sieur, des motifs qui exigent notre translation.
» Sans rapport ni communication avec les personnes du
» dehors, n'ayant qu'une très-petite chapelle, qu'on nous a

» ordonné d'ouvrir à tout le monde, mais dont nous sommes
» séparées par des grilles, nous avions lieu d'espérer que nous
» jouirions, dans un pays tranquille, de tous les avantages de la
» solitude, ne demandant qu'à être ignorées du monde entier.
» Mais, comme nous voudrions jouir aussi de la liberté de
» conscience accordée à tous les individus, cet article nous est
» refusé : et vouloir choisir nous-mêmes le dépositaire de notre
» plus cher intérêt, qui est celui de notre conscience, devient
» un crime qui nous rend suspectes d'erreur et de schisme. Nos
» directeurs sont tour à tour dénoncés et interdits ; ce qui nous
» prive de tous secours spirituels : aucun prêtre n'osant appro-
» cher de notre maison. Il ne nous convient ni de lutter ni de
» nous révolter contre l'autorité qui nous opprime. Notre sainte
» religion nous défend la plainte et le murmure; aussi auriez-
» vous toujours ignoré nos malheurs, si notre patience et notre
» soumission avaient pu ramener Mgr l'Évêque à une conduite
» moins rigoureuse à notre égard. Mais on a déjà pris des me-
» sures pour que nous fussions sans messe le dimanche. Voilà,
» Monsieur, les véritables motifs qui nous forcent à une trans-
» lation qui nous coûtera les plus grands sacrifices, n'ayant
» éprouvé que d'honnêtes procédés de la part des habitants.

» Nous espérons, Monsieur, que votre sagesse approuvera
» une résolution que nous n'avons pas cru devoir exécuter sans
» votre assentiment, espérant aussi que vous auriez la bonté de
» nous donner une attestation qui puisse prouver que notre
» conduite a été irréprochable devant les autorités civiles de ce
» département : attestation qui sera d'un grand poids auprès des
» nouvelles autorités sous lesquelles nous désirons choisir un
» asile et trouver une paix qui est l'unique objet de nos désirs.

» Nous avons l'honneur d'être, etc. »

Signé par quinze religieuses.

Bien tournée et adroite, cette lettre, profondément méditée,
ne peut être attribuée ni pour le style ni même pour l'écriture
aux bonnes Clarisses. Elle est évidemment le fait de quelque

conseiller ennemi de l'évêque, de quelque imprudent meneur, comme les communautés religieuses, ignorantes des affaires du monde, sont trop souvent exposées à en avoir. La suite de cette correspondance va prouver que les raisons données n'étaient pas les vraies et que celles-ci sont restées secrètes, car l'évêque, homme bienveillant et modéré, ne méritait pas les reproches qui lui sont faits d'une manière surprenante par leur rudesse.

Lettre du maire de Romans, du 4 avril 1813.

« Monsieur le Préfet,

» J'ai l'honneur de vous donner avis que les sœurs de Sainte-
» Claire établies dans cette ville, et qui ont pris l'engagement
» entre les mains de l'autorité administrative d'enseigner gra-
» tuitement les jeunes filles pauvres, sont au moment de se
» séparer. Je ne connais pas précisément les motifs de cette
» séparation, mais, d'après la voix publique, il n'y en a point
» d'autre que le refus qu'on leur fait de leur donner un direc-
» teur approuvé, d'un âge mûr, et qui ait longtemps servi Dieu
» avant de commander aux consciences. Vous savez, Monsieur
» le Préfet, que le Gouvernement a autorisé cet établissement.
» Il est déjà utile; il peut le devenir davantage. La piété, les
» mœurs, l'obéissance aux lois des sœurs de Sainte-Claire sont
» dignes d'éloges.

» Je crois devoir ajouter que si cet établissement n'existait
» pas, ce serait une perte pour cette ville, et je ne dois pas vous
» cacher que presque tous les habitants verraient avec un cer-
» tain déplaisir la séparation de ces filles pieuses, qui peuvent
» être utiles pour former les mœurs des enfants de plusieurs
» familles indigentes.

» J'ai l'honneur d'être, etc.

» Signé : Dertèque, adjoint. »

Lettre de l'évêque de Valence, du 5 avril 1813.

« A Madame la Supérieure de la Miséricorde de Sainte-Claire
» de Romans.

» Je suis affligé de l'esprit de discorde qui agite votre com-
» munauté. Vous savez, Madame, que je vous ai prouvé l'in-
» térêt qu'elle m'inspire ; je le nourris cet intérêt dans la con-
» fiance que vos conseils et vos exemples ramèneront à des
» dispositions plus religieuses les dames que vous dirigez. Je
» n'ai pas cru, comme je vous l'ai déjà dit, vous ôter la liberté
» de conscience en vous dirigeant conformément aux conciles,
» aux décisions des papes, aux règlements de l'Église. Une
» liberté qui vous dispenserait de suivre ces autorités ne serait,
» aux yeux de quiconque aime sa religion, qu'un abus, un dé-
» sordre, pour ne pas employer le terme qui se présente natu-
» rellement.

» J'ai pourvu à vos besoins spirituels en vous donnant pour
» confesseurs MM. Feugier et Dom Macaire, prêtres très-res-
» pectables et bien propres à opérer le bien parmi vous. Que
» pouvez-vous raisonnablement désirer de plus, sans vouloir
» vous réduire à la condition des laïques et renoncer aux pré-
» cieux avantages, aux grâces que vous assure votre saint état ?

» Je le répète, je prends intérêt à votre communauté ; je
» prends part à vos peines. Je désire vous procurer la paix.
» Pour vous en faciliter les moyens, je vous donne encore une
» preuve de mon dévouement en autorisant provisoirement à
» vous confesser tout prêtre choisi par M. le curé de Romans
» de concert avec vous. Puisse cette dernière résolution être
» une source de tranquillité pour votre maison et me procurer
» l'agréable nouvelle que la charité et la soumission règnent
» dans toutes vos filles. Puisse le Seigneur leur faciliter ces
» dispositions par l'abondance de ses grâces.

» Je vous salue en J. C.

» Signé : BÉCHEREL, évêque. »

Après avoir reçu copie de cette lettre, le Préfet écrivit, le 9 avril, au maire de Romans pour lui dire qu'il croyait que l'évêque avait fait pour les dames de Sainte-Claire tout ce qu'elles pouvaient raisonnablement désirer, et que si elles étaient animées du véritable esprit de leur état, elles seraient satisfaites de ce qu'avait fait pour elles leur évêque. S'il en était autrement, on devrait en conclure que loin d'être une perte pour la ville de Romans, ce serait un service qu'elles lui rendraient d'éloigner de son sein un foyer de fermentation, qui ne pourrait qu'amener tôt ou tard des suites fâcheuses. Le Préfet envoya le même jour quelques mots aux Clarisses pour leur dire qu'il avait reçu leur lettre, et qu'il espérait que les preuves d'intérêt que leur avait données leur évêque avaient dissipé les motifs qu'elles avaient d'aller chercher ailleurs plus de satisfaction.

Les bienveillantes concessions de l'évêque, les sages observations du Préfet firent renoncer les religieuses Clarisses à une translation peu fondée. Elles ont continué à résider dans la ville de Romans, où elles sont généralement aimées.

En 1813, une maison attenante au monastère se trouvant à vendre par suite de la mort du propriétaire, M. Didier, notaire, la communauté en fit l'acquisition pour la somme de 2,000 fr. L'acte fut passé au nom de M. Duportroux[1], qui non-seulement voulut bien se prêter à cette obligeance, mais encore payer les contributions de cette maison, sans vouloir jamais consentir au remboursement de ses avances. Cet homme généreux était l'ami du couvent de Sainte-Claire : on n'y faisait rien sans le consulter. La maison Didier était assez vaste, mais en mauvais état ; on y logea l'aumônier, qui était alors le P. Casimir, ancien Capucin.

Le monastère n'avait pas de cloche : on en acheta une, qui fut bénie au commencement d'août 1817. Pour sonner à minuit, il fallut la permission des autorités. M. Legentil, maire de Romans, prévint les habitants par une affiche que les dames reli-

---

(1) Jean-Gabriel Duportroux, ancien conseiller-maître en la Chambre des comptes de Grenoble, décédé le 31 décembre 1822.

gieuses de Sainte-Claire étaient autorisées à faire sonner quelques coups de cloche à minuit, pour l'office qu'elles sont en usage de faire à cette heure.

La communauté des Clarisses de Romans eut l'honneur d'envoyer plusieurs essaims de religieuses pour fonder ou pour rétablir des maisons du même ordre. L'une d'elles, sœur Marie-Claire Fière, avait établi un couvent de Sainte-Claire à Valence, le 17 août 1817. Six autres allèrent à Poligny (Jura) pour aider à la restauration du monastère que sainte Colette avait fondé en 1400, et où elle avait été inhumée après l'avoir gouverné pendant dix ans. Cinq autres religieuses sortirent, en 1826, pour aller établir un couvent de Sainte-Claire dans la ville de Die, qui fut ensuite transféré à Crest.

Malgré les vertus, l'austérité et la profonde piété qui avaient toujours distingué les Clarisses de Romans, leurs supérieurs trouvèrent, paraît-il, que les règles de ces religieuses n'étaient pas encore assez parfaites, c'est-à-dire sévères. Ils obtinrent d'elles, en 1823, qu'elles adopteraient pour la nomination de l'abbesse le mode des élections triennales. En conséquence, après la mort de sœur Anne-Marie Giraud, sœur Marie du Cœur de Jésus Péronnier fut élue pour trois ans, mais continuée dans sa charge jusqu'à sa mort. Enfin, quoique toujours zélées et très-attachées à la régularité, ces mêmes religieuses durent, malgré quelques protestations, adopter, en 1852, la réforme de sainte Colette, regardée comme plus austère.

La maison qui servait de monastère aux religieuses de Sainte-Claire était on ne peut plus incommode, malsaine et insuffisante pour le nombreux personnel qui y observait la clôture. Depuis longtemps ces dames désiraient un changement de local. La mort de M. de Montelégier [1] vint leur offrir la précieuse

---

(1) Jean-Pierre Bernon de Montelégier, né le 22 janvier 1736. Il entra au service dans les mousquetaires le 22 mars 1753, devint capitaine au régiment de Bourgogne en 1759, lieutenant-colonel dans le 4ᵉ régiment de chevau-légers en 1779, chevalier de Saint-Louis, et prit sa retraite le 1ᵉʳ mars 1791 avec le grade de maréchal de camp. Il fut maire de Montelégier, où il est mort le 11 octobre 1833.

occasion d'acquérir une habitation possédant tous les avantages désirables pour des religieuses cloîtrées. Elles hésitèrent un moment quand elles apprirent que la ville se proposait d'acheter l'*Hôtel des Allées*. Mais ce projet n'ayant pas eu de suites, et Mesdames de la Farge et de Mortillet, héritières de M. de Montelégier, ayant témoigné vouloir donner la préférence aux dames de Sainte-Claire, des conventions furent signées le 18 février 1834. La prise de possession eut lieu le lendemain, et l'acte portant quittance de 40,000 francs, prix de l'achat, fut signé le 11 octobre suivant. La maison par elles délaissée a été vendue pour la somme de 12,000 francs à une compagnie d'actionnaires, qui l'ont fait démolir dans le but d'élever sur son emplacement une halle aux grains. Mais ce projet n'a pas même eu un commencement d'exécution.

En 1848, à l'instigation de quelques propriétaires du voisinage, l'autorité municipale, abusant de l'état de trouble causé par la révolution de Février, obligea les religieuses de Sainte-Claire de rétrocéder à la ville une partie de leur monastère pour agrandir la promenade dite des Cordeliers. Par acte du 3 mai 1848 et pour le prix de 15,000 francs le maire acquit l'Allée des Maronniers et le vivier, qu'on a fait couvrir d'une voûte. On perça une rue pour faire communiquer le quartier de Saint-Nicolas avec la montée des Cordeliers, et en 1863, sans aucune nécessité, on vendit pour être démoli l'arc de triomphe en pierre de taille construit en 1701 par l'abbé de Lesseins, à l'occasion du passage des ducs de Bourgogne et de Berri, petits-fils de Louis XIV.

Les religieuses du monastère de Sainte-Claire de Romans forment une communauté composée d'environ quarante personnes, qui, conformément à leur règle primitive, s'adonnent à la vie contemplative et n'ont d'autres ressources que les dons qu'elles reçoivent des personnes pieuses et le produit de leurs travaux industriels [1]. Leur église, très-fréquentée, est petite,

---

[1] Les religieuses de Sainte-Claire préparent et vendent des eaux distillées, des sirops, des confitures, dont la bonne confection leur attire une nombreuse clientelle.

mais fort bien tenue et très-parée, grâce aux offrandes des fidèles et aux soins dévoués de leur digne et respectable aumônier [1].

(1) L'abbé Pierre Jeunot, né à Montrigaud en 1812, aumônier de la communauté de Sainte-Claire, est mort à Romans le 22 mai 1869. C'était un saint prêtre auquel la population de la ville donna un témoignage d'estime et d'affection en assistant presque tout entière à ses funérailles.

LISTE

DES

ABBESSES DU MONASTÈRE DE SAINTE-CLAIRE

DE ROMANS.

1 Sœur LOUISE DE COSTAING, nommée par le pape Paul V, entrée en fonctions le 18 janvier 1621, décédée le 6 septembre 1626.

2 Sœur LAURENCE DE TREMOLET, élue en 1626, décédée le 9 septembre 1637.

3 Sœur HÉLÈNE-GABRIELLE DE GERLANDE, élue le 22 septembre 1837, décédée le 8 mai 1647.

4 Sœur MARGUERITE DE SASSENAGE, élue en 1647, décédée le 27 février 1657.

5 Sœur MARTHE BOTIAN, élue en 1657, décédée le 29 mai 1662.

6 Sœur ANNE ROUX DE LA FAY, élue le 11 avril 1662, décédée le 11 février 1682.

7 Sœur JEANNE MAUREL, élue le 14 février 1682, décédée le 5 mars 1690.

8 Sœur ÉLISABETH DE BOULOGNÉ, élue le 13 mars 1690, décédée le 4 avril 1708.

9 Sœur MARTHE FALCONNET, élue le 13 mai 1708, décédée le 22 décembre 1711.

10 Sœur JEANNE DE LA CROIX DE MONTEIZET, élue le 7 janvier 1712, décédée le 20 décembre 1722.

11 Sœur MARIE-CLAIRE BONNET, élue le 22 décembre 1722, décédée le 27 mars 1748.

12 Sœur AGNÈS GENEVEZ, élue le 6 avril 1748, décédée le 24 mars 1773.

13 Sœur MARIE-ROSALIE FAURE, élue le 5 avril 1773, décédée le 13 novembre 1807. — Hors du monastère de 1792 à 1805. — Suppléée de 1805 à 1807.

14 Sœur Marie VALLET, élue en 1807, décédée le 20 janvier 1815.

15 Sœur Marie-Madeleine BRENIER, élue en 1817, décédée le 20 janvier 1818.

16 Sœur Anne-Marie GIRAUD, élue le 30 janvier 1818, décédée le 1er juillet 1823.

17 Sœur Marie-du-Cœur-de-Jésus PERONNIER, nommée par élections triennales de 1823 au 27 mars 1862, jour de son décès.

18 Sœur Ambroise CHAPUY, élue le 30 mars 1862. Elle est dans son quatrième triennal.

BULLE DE PAUL V

pour la fondation du monastère de Sainte-Claire de Romans.

PAULUS episcopus, servus servorum Dei, dilecto filio officiali Viennensi, salutem et apostolicam benedictionem. Debitum pastoralis officii nobis meritis licet imparibus ex alto commissi requirit, ut ad ea per que prudentes virgines sub suavi religionis jugo ac perpetua clausura in mentis puritate ac humilitatis spiritu virtutum Domino famulari, et exinde honestatis et pudicitie fructus viteque regularis propagatio provenire valeant, propensis studiis intendamus ac in his ejusdem pastoralis officii partes favorabiliter interponamus, prout in Domino conspicimus salubriter expedire. Exhibita siquidem nobis nuper pro parte dilecte in Xpisto filie Anne Glenat, mulieris vidue, provincie Delphinatus, petitio continebat : quod ipsa Anna cupiens pro suo pio charitatis et sacre religionis zelo ac sincere fidei et devotionis affectu quam plurimarum pauperum et aliarum virginum terre de Romans, Viennensis diocesis, dicte provincie, pestiferis hereticorum erroribus plus nimio contaminate, que spretis hujus infelicis seculi illecebris eternam beatitudinem consequi exoptant, statui et desiderio consulere, in dicta terra unum monasterium monialium cum ecclesia, refectorio, dormitorio, cemiterio, claustris, cellis, hortis, hortalitiis aliisque membris necessariis et opportunis decenti fabrica construere, ac tam monasterium supellectili quam ecclesiam hujusmodi paramentis aliisque ad divini cultus usum et decorem requisitis abunde instruere et exornare, et ipsi monasterio pro ejus congrua et sufficienti dote necnon monialium in eo pro tempore existentium commoda sustentatione redditus et proventus annuos quadringentorum scutorum in tot bonis stabilibus et fructiferis perpetuo donare et assignare proposuit. Si igitur dictum monasterium postquam constructum ac debita et competenti clausura ac omnibus suis membris et partibus absolutum fuerit, in monasterium monialium ordinis Sancti Francisci sub reformata regula Sancte Clare perpetuo erigeretur et institueretur, illique sic erecto et instituto pro sua dote redditus et proventus quadringintorum

scutorum hujusmodi applicarentur et appropriarentur; ac dilecta in
Xpisto filia Ludovica de Costaing, quadraginta annorum vel cir-
citer et alie provecte etatis ac vite integritate et regularis discipline
peritia laudate moniales monasterii monialium Grationopolitani, dicti
ordinis, in monasterium erigendum hujusmodi pro illius directione ac
monialium in eo introducendarum instructione transferrentur aliaque
infrascripta fierent et ordinarentur, ex hoc profecto spirituali fidelis
populi dicte terre edificationi ipsiusque ordinis propagationi ac divini
cultus et piorum operum incremento cum summa Dei omnipotentis
laude dictarumque virginum salute et publica utilitate non parum
consuleretur. Quare pro parte dicte Anne nobis fuit humiliter supplicatum, quatenus huic pio et laudabili ejus proposito annuere ac alias
in premissis opportune providere de benignitate apostolica dignaremur.
Nos igitur, qui fidelium quorumlibet vota, presertim sacre religionis
et spiritualium operum incrementum concernentia, ad exauditionis gratiam libenter admittimus eaque favoribus prosequimur opportunis,
predictam Annam a quibusvis excommunicationis, suspensionis et interdicti aliisque ecclesiasticiis sentenciis, censuris et penis a jure vel ab
homine quavis occasione vel causa latis, si quibus quomodolibet inno-
data existit, ad effectum presentium duntaxat consequendum harum
serie absolventes et absolutum fore censentes, hujusmodi supplicationibus inclinati discretioni tue, ex voto congregationis venerabilium
fratrum nostrorum sancte Romane ecclesie cardinalium negotiis rerum
regularium prefectorum, per apostolica scripta mandamus quatenus
constito tibi de premissis ac si et postquam primo dictum monasterium
constructum et debita clausura munitum sacraque et prophana supellectili instructum fuerit, illique pro sua dote ac monialium in eo pro
tempore introducendarum sustentatione tot proprietates seu bona
stabilia fructifera, ab omni et quocumque onere libera et exempta, ex
quibus salten quadringenta scuta monete Turonensis singulis annis
recipi valeant donata et assignata fuerint illud in monasterium monialium ordinis Sancti Francisci sub reformata regula Sancte Clare,
hujusmodi pro perpetuis usu et habitatione unius abbatisse et duodecim aliarum monialium quarum sex hac prima vice duntaxat a predicta
Anna nominari et gratis recipi, relique vero usque ad numerum duodecim recipiende eleemosinam dotalem pendere, et que omnes habitum
per moniales aliorum monasteriorum ejusdem ordinis gestari solitum
suscipere et elapso probationis tempore et servatis aliis de jure et
sacri concilii dispositione servandis professionem regularem per easdem
emitti consuetam expresse emittere perpetuamque clausuram necnon ritus, mores, consuetudines et regularia instituta dicti ordinis

quoad fieri poterit servare divinisque laudibus et officiis assistere, ac
duntaxat visitationi, correctioni, obedientie, jurisdictioni et omnimode
superioritati ejusdem sancte Romane ecclesie, cardinalis protectoris ac
generalis ipsius ordinis pro tempore existentium vel ab eis in visitato-
rem et confessarium abbatisse et monialium monasterii erigendi hujusmodi deputandorum, qui omnino ex fratribus Sancti Francisci reforma-
torum et non alterius ordinis nec alii ullo unquam tempore esse possint aut debeant, in omnibus et per omnia subjacere debeant, auctoritate apostolica perpetuo sine tamen alicujus prejudicio erigas et instituas, illique sic erecto et instituto pro congrua et competenti ejus dote
ac commoda abbatisse et monialium ibidem pro tempore existentium
sustentatione onerumque illis incumbentium supportatione tam proprietates seu bona hujusmodi et eorum redditus et proventus per
dictam Annam, ut prefertur, donanda et assignanda quam omnia et
singula alia bona, proprietates, possessiones, terras, census, redditus,
jura, obventiones et emolumenta eidem monasterio. . . . .
. . . . perpetuum seu ad tempus . . . .
monasterium erigendi illiusque pro tempore existentium abbatisse et
monialium hujusmodi intuitu et contemplatione, etiam per viam tes-
tamenti, codicillorum, donationis etiam inter vivos vel causa mortis seu
cujusvis alterius dispositionis aut etiam eleemosinam vel alias quomodolibet, quandocumque et qualitercumque legitime relinquenda et
eroganda ex nunc prout ex tunc et e contra postquam donata, assignata, relicta et erogata fuerint, ita quod liceat eisdem abbatisse et
monialibus pro tempore existentibus corporalem et actualem illorum
omnium ac jurium et pertinentiarum suorum quorumcumque posses-
sionem per se vel alium seu alios earum ac dicti monasterii erigendi
nominibus propria auctoritate libere apprehendere et apprehensam
perpetuo retinere, fructus quoque, redditus et proventus, jura, obventiones et emolumenta ex eis provenientia percipere, exigere, levare,
recuperare, regere, administrare, locare, arrendare ac in earum
communes dictique monasterii erigendi usus et utilitatem convertere,
diocesani loci vel cujusvis alterius licentia desuper minime requisita,
dicta auctoritate nostra etiam perpetuo applices et appropries; insuper
eidem monasterio erigendo ex nunc prout postquam erectum fuerit
illiusque abbatisse et monialibus pro tempore existentibus quod omnibus et singulis privilegiis, facultatibus, libertatibus, immunitatibus,
prerogativis, preeminentiis, antelationibus, concessionibus, indultis,
indulgenciis, favoribus et aliis graciis universis tam spiritualibus quam
temporalibus aliis monasteriis monialium ejusdem ordinis eorumque
abbatissis, priorissis et monialibus in genere vel specie per viam sim-

plicis communicationis et alias quomodolibet nunc concessis et imposte-
rum concedendis, ac quibus illa aut ille de jure, usu, privilegio vel con-
suetudine aut alias quomodolibet utuntur, fruuntur, potiuntur et gaudent
ac uti, frui, potiri et gaudere possunt et poterunt quomodolibet in futu-
rum, dummodo tamen sint in usu et non revocata nec sub illis revocationibus comprehensa neque sacris canonibus aut concilii Tridentini
decretis repugnent et uti, frui, potiri et gaudere libere et licite valeant,
non solum ad eorum instar sed pariformiter et eque principaliter absque
ulla prorsus differentia in omnibus et per omnia, perinde ac si illa
monasterio erigendo illiusque abbatisse et monialibus hujusmodi spe-
cialiter et expresse concessa essent, eadem auctoritate nostra similiter
perpetuo indulgeas, necnon abbatisse et monialibus monasterii erigendi
hujusmodi postquam erectum fuerit tot quot eis videbitur adminis-
tratores et gubernatores seu economos, a cardinale protectore seu a
generali dicti ordinis pro tempore existentibus vel ab aliis ut prefertur
deputandos, approbandos qui reddituum et bonorum hujusmodi curam
et administrationem habeant ad tempus eis benevisum capitulariter et
per secreta suffragia constituendi et deputandi ac quoties opus fuerit
mutandi, deponendi et amovendi aliosque in eorum locum sufficiendi;
preterea dicte Anne quecumque statuta, ordinationes et capitula
curam, regimen, gubernium, directionem et administrationem monasterii erigendi illiusque rerum et bonorum spiritualium et temporalium,
ac monialium hujusmodi receptionem, admissionem, etatem, quali-
tatem, victum, amictum, instructionem et disciplinam, ac modum et
formam recitationis divinorum officiorum, precum, orationum alio-
rumque suffragiorum concernentia ac alias utilia, licita tamen et
honesta sacrisque canonibus et constitutionibus apostolicis, necnon
decretis concilii et institutis regularibus ordinis hujusmodi minime
contraria, per eosdem cardinalem protectorem et generalem vel ab eis,
ut prefertur, deputandos examinanda et approbanda faciendi et con-
dendi, ac quoties pro rerum et temporum qualitate aut alias expediens
videbitur immutandi, corrigendi, moderandi et in melius reformandi
ac alia ex integro, previis tamen examine et approbatione cardinalis
protectoris aut generalis vel ab eis, ut prefertur, deputandorum hujusmodi edendi ac per abbatissam, moniales et alias personas pro tempore
existentes monasterii erigendi hujusmodi firmiter et inviolabiliter,
sub penis ad id infligendis, observari et adimpleri faciendi, et pro
monialibus in dicto monasterio erigendo pro tempore introducendarum
felici directione ac in ritu, moribus et regularibus institutis instructione Ludovicam necnon alias moniales monasterii monialium Grationopolitani hujusmodi, si ille ad id voluntarie fuerint et earum trans-

lationi consenserint, de earum monasterio predicto de superiorum suorum licentia educendi et ad dictum monasterium erigendum postquam debita clausura munitum fuerit, ut prefertur, introducendi eisque abbatisse et alia ipsius monasterii erigendi officia distribuendi et concedendi, ita quod moniales educende se ad monasterium erigendum hujusmodi transferre ac in habitu et regularibus illius institutis conformare et ibidem in perpetuum vel ad tempus eis benevisum remanere possint et valeant : translatio tamen hujusmodi consanguineis gravibusque matronis eas comitantibus fiat et ab uno monasterio ab alium absque diverticulo recta tendatur nullibique pernoctetur nisi causa hospitii, idque non nisi apud honestas personas. Postremo quod dicta Anna, si asperitatem habitus aliaque onera dicti ordinis sufferre nequiverit in eodem monasterio erigendo, in habitu seculari antequam tamen professionem hujusmodi emiserit manere libere et licite valeat, plenam et liberam facultatem et potestatem dicta auctoritate nostra concedas et elargiaris. Presentes quoque litteras sub quibuscumque similium vel dissimilium gratiarum revocationibus, suspensionibus, limitationibus, derogationibus et aliis contrariis dispositionibus et per nos et successores nostros Romanos pontifices sedemque predictam, sub quibuscumque verborum expressionibus et formis ac cum quibusvis clausulis et decretis quomodolibet factis, minime comprehendi sed ab illis semper exceptas et quoties ille emanabunt toties in pristinum et validissimum statum restitutas ac plenarie reintegratas, ac de novo etiam sub quacumque posteriori data per abbatissam et moniales monasterii erigendi hujusmodi pro tempore eligenda concessas esse et fore, sicque per quoscumque judices ordinarios et delegatos etiam causarum palatii apostolici auditores ac ejusdem sancte Romane ecclesie cardinales et de latere legatos dicteque sedis nuncios judicari et diffiniri debere dicta auctoritate nostra decernas, non obstantibus quantum opus sit nostra de indulgentiis seu gratiis ad instar non concedendis ac apostolicis necnon in synodalibus provincialibus et universalibus conciliis editis specialibus vel generalibus constitutionibus et ordinationibus ac ordinis Sancti Francisci et illius monasteriorum predictorum juramento confirmatione apostolica vel quavis firmitate alia roboratis statutis et consuetudinibus ceterisque contrariis quibusqumque.

Data Rome, apud Sanctam Mariam Majorem, anno Incarnationis Dominice millesimo sexcentesimo vigesimo, tertio idus augusti, pontificatus nostri anno sextodecimo.

C. COLINUS.

Original sur parchemin, avec une bulle de plomb.

BULLE D'URBAIN VIII

qui met le couvent de Sainte-Claire de Romans sous la juridiction de l'archevêque de Vienne.

URBANUS episcopus, servus servorum Dei, dilecto filio officiali venerabilis fratris nostri archiepiscopi Viennensis, salutem et apostolicam benedictionem. Debitum pastoralis officii nobis ex alto commissum requirit nosque ad id promptos excitat, ut ea vota quibus prudentes virgines religionis habitu assumpto uni sponso Jesu Xpisto voto celebri virginitatem suam prestare honorisque flores et honestatis fructus ac regularis observantie propagatio provenire valeant, ad exauditionis gratiam libenter admittamus. Dudum siquidem, cum in terra de Romans Viennensis diocesis in Delphinatu, monasterium monialium construi desideraretur, felicis recordationis PAULUS papa V, predecessor noster, supplicationibus sibi tunc desuper porrectis inclinatus, tunc existenti officiali Viennensi dedit in mandatis ut si et postquam in eadem terra unum monasterium constructum et debita clausura munitum sacraque et prophana suppellectile instructum esset, illique pro dote et monialium in eo pro tempore introducendarum sustentatione tot proprietates seu bona mobilia ex quibus saltem quadringenta scuta monete Turonensis annuatim percipi possent, donata et assignata fuissent, illud in monasterium monialium ordinis reformatarum Sancte Clare pro perpetuis usu et habitatione unius abbatisse et duodecim aliarum monialium que habitum per moniales aliorum monasteriorum ejusdem ordinis gestari solitum suscipere, et elapso probationis tempore ac servatis aliis de jure et sacri concilii Tridentini dispositione servandis, professionem per easdem emitti consuetam expresse emittere perpetuamque clausuram ac ritus, mores, consuetudines et regularia instituta dicti ordinis quoad fieri posset servare ac visitationi, correctioni, obedientie, jurisdictioni et omnimode superioritati pro tempore existentium sancte Romane ecclesie cardinalis protectoris ac generalis ipsius ordinis vel ab eis in visitatores et confessarios abbatisse et monialium monasterii hujusmodi deputandorum, qui omnino ex fratribus reformatis dicti ordinis nec alii unquam esse possent, subjacere deberent, apostolica auctoritate erigeret et institueret illique pro ejus dote

proprietates et bona assignanda ac omnia alia bona illi quandocumque legitime relinquenda ex tunc prout postquam assignata et relicta
essent perpetuo applicaret et appropriaret, et pro monialium in dicto
monasterio introducendarum directione et institutione tunc in humanis
agentem Ludovicam de Costaing et aliquam seu aliquas alias moniales
expresse professas monasterii etiam monialium dicti ordinis Grationopolitani, ex eo de superiorum licentia educendi et ad dictum monasterium de Romans certis tunc expressis modo et forma transferendi,
facultatem concederet aliasque faceret prout in litteris apostolicis de
super expeditis plenius continetur. Post modum vero, sicut exhibita
nobis nuper pro parte dilectarum in Xpisto filiarum Laurentie de
Tremolet et Margarithe de Sassenages monialium dicti monasterii Grationopolitani petitio continebat, pretextu dictarum litterarum ipso monasterio incepto quidem et ad aliqualem formam reducto, nondum
tamen absoluto minusque stabilita illius dote et sic non adimpletis
conditionibus per easdem litteras requisitis, dicta Ludovica que deinde
nature debitum persolvit ac Laurentia et Margaritha prefate ex predicto eorum monasterio de illius superiorum licentia educte ad monasterium de Romans predictum bona fide se transtulerunt inibique
ab inde citra, una cum nonnullis aliis puellis que in moniales ejusdem
monasterii de Romans etiam bona fide recepte fuerunt et quarum
alique professionem regularem expresse jam emiserunt, alie noviciatum
agunt, alie perfecerunt sub regularis vite dicteque regule ac ipsius
ordinis institutorum observantia cum maxima populi edificatione et spirituali consolatione permanserunt et permanent, superioresque dicti
ordinis, licet stante defectu adimplementi dictarum conditionum et justi-
ficationis dictarum litterarum nullum eis jus superioritatis in dicto
monasterio de Romans competeret, superioritatem tamen hujusmodi in
illud illiusque moniales nulliter tamen et de facto exercuerunt, donec
a dilecto filio moderno vico legato Avinionensi; ad quem predicte moniales ob nonnulla gravamina sibi a predictis superioribus in pretense
superioritatis exercitio illata recursum habuerant de predictis defec-
tibus admoniti fuerunt. Cum autem, sicut eadem petitio subjungebat,
predicta omnia pretextu dictarum litterarum non justificatarum gesta
nulla et invalida fuerint et sint, dictum vero monasterium de Romans
ad presens perfectum debitaque clausura munitum omnibusque suis
numeris et partibus absolutum sacraque et prophana suppellectile
sufficienter instructum reperiatur, et cum piis Xpistifidelium elargi-
tionibus tum monialium que illud ingresse fuerunt dotibus seu dota-
libus eleemosinis dotem habeat tutam et securam ad tresdecim monialium sustentationem sufficientem, ac pro parte dictarum Laurentie et

Margarithe necnon aliarum monialium que illud bona fide ingresse sunt et religionis zelo ducte perpetuum inibi famulatum Altissimo exhibere desiderant, ne tam pium opus communi fama pro firmissimo et validissimo creditum in maximum earum detrimentum quin etiam ecclesiastice discipline contemptum, inter medios presertim hereticos qui exinde irrisionis et sinistre obsequentie materiam sumerent, destruatur, nobis propterea fuit humiliter supplicatum quatenus sibi in premissis ut infra opportune providere de benignitate apostolica dignaremur. Nos igitur, Laurentiam et Margaritham ac moniales predictas earumque singulas a quibusvis excommunicationis, suspensionis et interdicti aliisque ecclesiasticis sentenciis, censuris et penis a jure vel ab homine quavis occasione vel causa latis, si quibus quomodolibet innodate existunt, ad effectum presentium duntaxat consequendum harum serie absolventes et absolutas fore censentes, ac dictarum litterarum totos et integros tenores presentibus pro expressis habentes, hujusmodi supplicationibus inclinati discretioni tue, ex voto venerabilium fratrum nostrorum sancte Romane ecclesie cardinalium negociis regularium prepositorum, per apostolica scripta mandamus quatenus constito tibi quod dictum monasterium de Romans ad opus perfectum et debita clausura munitum sacraque et prophana suppellectile sufficienter instructum sit dotemque habeat ad tresdecim monialium commodam sustentationem sufficientem que ad quadringenta scuta monete Turonensis annuatim ascendat, illud cum ecclesia, refectorio, cemiterio, dormitorio, cellis et aliis membris et partibus suis in monasterium monialium dicti ordinis pro perpetuis usu et habitatione unius abbatisse et duodecim aliarum monialium que ibidem perpetuam clausuram ac ritus, mores, consuetudines et regularia instituta dicti ordinis quoad fieri possit servare, et non cardinalis protectoris ac superiorum dicti ordinis qui deinceps nullam in illud illiusque moniales superioritatem habeant neque se in illa nullo unquam tempore et pretextu dictarum litterarum aut pretense possessionis predicte deinceps immiscere possint, sed ordinarii loci duntaxat visitationi, correctioni, obedientie, jurisdictioni et omnimodo superioritati subjacere debeant, auctoritate nostra sine tamen alicujus prejudicio ac servata alias dictarum litterarum forma de novo perpetuo erigas et instituas, professiones vero per moniales ut prefertur receptas bona fide emissas dummodo alias rite et recte facte sint eadem auctoritate nostra revalides, novicias vero in eodem monasterio de Romans receptas que probationis annum perfecerunt atque etiam illas que illum inceperunt eo prout inceptus est complete absque illius iteratione ad professionis emissionem eadem auctoritate nostra admittas ac admitti mandes et facias, non obstantibus eisdem litteris ac omnibus illis que in eis dictus Paulus predecessor voluit non obstare ceterisque contrariis quibuscumque.

Data Rome, apud Sanctum Petrum, anno Incarnationis Dominice millesimo sexcentesimo vigesimo septimo, tertiodecimo kalendas januarii, pontificatus nostri anno quinto.

N. ODOT.

Original sur parchemin, avec une bulle de plomb.